PILGERWEGE

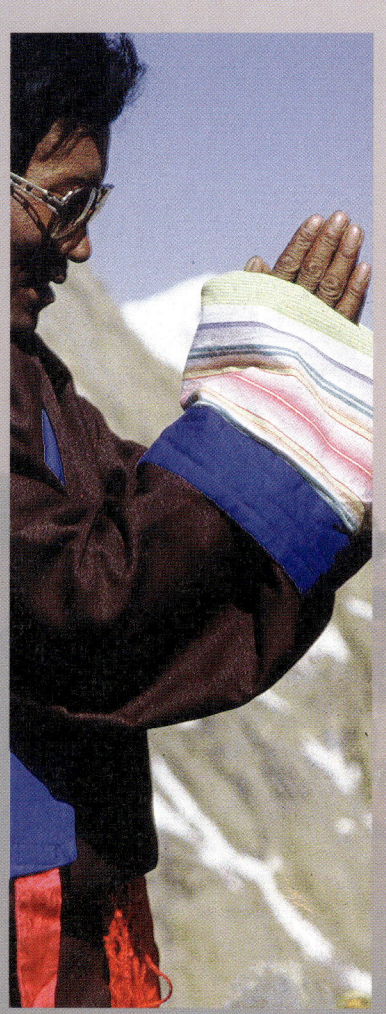
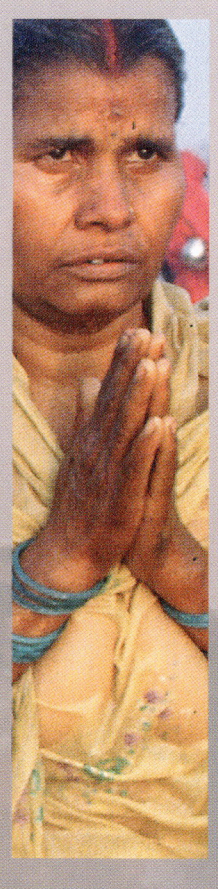

Für meine Patenkinder

David Souden

PILGERWEGE

CHRISTIAN VERLAG

Aus dem Englischen übersetzt von
Franz-Josef Krücker und Trudie Trox
Satz: Carmen Marchwinski
Redaktion und Herstellung:
via-Redaktion
Umschlaggestaltung: Horst Bätz

Die Originalausgabe mit dem Titel
Pilgrimage
erschien erstmals 2001 im Verlag
Quest Books in Koproduktion mit
The Ivy Press Limited, Lewes,
East Sussex.
Idee, Entwicklung und Design von
The Ivy Press.

Druck und Bindung:
Hong Kong Graphics and Printing Ltd.
Printed in China

ISBN 3-88472-517-3

HINWEIS
Alle Informationen und Hinweise, die
in diesem Buch enthalten sind, wurden vom Autor nach bestem Wissen
erarbeitet und von ihm und dem Verlag mit größtmöglicher Sorgfalt über-
prüft. Unter Berücksichtigung des
Produkthaftungsrechts müssen wir
allerdings darauf hinweisen, dass in-
haltliche Fehler oder Auslassungen
nicht völlig auszuschließen sind. Für
etwaige fehlerhafte Angaben können
Autor, Verlag und Verlagsmitarbeiter
keinerlei Verpflichtung und Haftung
übernehmen.

Korrekturhinweise sind jederzeit will-
kommen und werden gerne berück-
sichtigt.

INHALT

Pilgerschaft
als spirituelle Suche

Es ist eine bemerkenswerte Tatsache, dass die weltweit größten Versammlungen von Menschen einen religiösen Anlass haben, seien es die Kumbh Mela der Hindus in Allahabad, die muslimische Hadsch in Mekka oder große Kirchenfeste, die die Katholiken in Rom oder Lourdes begehen. Pilgerreisen zählen zu den ältesten kultischen Ritualen in der Geschichte der Menschheit. Funde belegen, dass schon prähistorische Völker zu bestimmten Zeiten weite Entfernungen überwunden haben, um zu heiligen Stätten wie Stonehenge oder Carnac zu gelangen, und dass sie dort heilige Objekte verehrten. Selbst im heutigen Zeitalter der Technik und des rationalen Denkens sind Wallfahrten ein wichtiges Element nicht nur der großen Religionen. Protestantische Christen beispielsweise, die solchen Handlungen eigentlich mit Distanz begegnen, sehen das Leben an sich als metaphorische Pilgerreise.

Von außen betrachtet ist eine Pilgerfahrt zunächst eine Reise – über eine kurze oder weitere Strecke – zu einem geheiligten Ort. Aber sie ist weit

mehr als das. Menschen, die aus religiösen Gründen unterwegs sind, vollziehen Riten, meditieren über heilige Objekte und erleben großartige sakrale Architektur. Sie reisen alleine oder in einer Gemeinschaft – und diese Erfahrung kann genauso wichtig werden wie das individuelle Ziel. Manchmal ist die Reise an sich ein essentieller Aspekt, weil sie besondere Anstrengungen erfordert. In anderen Fällen – gerade in Anbetracht der modernen Transportmittel – spielt der zurückgelegte Weg keine große Rolle mehr. Und für einige mögen die Zeit danach und die Erinnerungen so bedeutsam sein wie die Pilgerreise selbst.

Die Besuche heiliger Stätten haben verschiedene Anlässe und Ziele. Sie können Vorbereitung auf den Tod und das Leben im Jenseits sein wie für die älteren griechisch-orthodoxen Pilger in Jerusalem. Hindus, die im Ganges baden, erhoffen sich den ewigen Zyklus von Tod und Wiedergeburt zu durchbrechen. Zen-Buddhisten suchen den Weg zu ihrem inneren Ich, während sie in den Tempelgärten Kyotos meditieren. Nicht zuletzt fördert

eine Pilgerfahrt das Gefühl von Solidarität und Gemeinschaft wie bei den Muslimen auf der Hadsch, der jährlichen Reise nach Mekka, die zu den Säulen des Islam gehört. Die Schwarze Madonna von Tschenstochau oder die Jungfrau von Guadalupe stehen für die Idee nationaler Verbundenheit. Manche Gläubige versprechen sich Heilung von physischen und spirituellen Leiden, wie am Marienschrein von Lourdes oder durch die uralten Erdgeister von Kataragama in Sri Lanka, die Christen, Muslime, Buddhisten und Hindus verehren.

Dieses Buch beschreibt zwanzig Pilgerreisen in den verschiedensten Gegenden der Welt. Einige Ziele sind klein und nur von lokaler Bedeutung, zu anderen wallfahren die Menschen von überall her. Einige Orte sind schon sehr alt, andere relativ jung. Doch unabhängig von lokalen Gegebenheiten sollen Pilgerreisen hier als Handlungen dargestellt werden, die den Menschen seit Urzeiten vertraut sind und deren spirituelle Bedeutung unabhängig ist von individuellen Glaubensvorstellungen — heute und in der Vergangenheit.

Saddhus, die heiligen Männer des Hinduismus, führen während der Kumbh Mela die Pilger an das Ufer des Ganges, denn alle wollen an dem verehrten Ort im Fluss baden, auf den das *amrit* fiel.

ERSTE REISE

ALLAHABAD
und die
KUMBH MELA

Die Maha Kumbh Mela von Allahabad ist die wohl größte religiöse Veranstaltung der Erde. Vielleicht ist sie sogar die größte Show der Welt überhaupt. So reisten am 6. Februar 1989 schätzungsweise 15 Millionen Pilger nach Allahabad im nordindischen Staat Uttar Pradesh. Das entsprach etwa drei Prozent der hinduistischen Bevölkerung Indiens. Nach dem »Guinness-Buch der Rekorde« war dies »die größte Zahl von Menschen, die sich jemals in der Geschichte mit einem gemeinsamen Ziel versammelt haben«.

Obwohl sich bei der Kumbh Mela riesige Menschenmassen versammeln, empfindet jeder einzelne Pilger seine Reise als Schritt auf dem Weg zur Unsterblichkeit.

Als die Maha Kumbh Mela nach dem traditionellen Zwölf-Jahres-Rhythmus im Januar 2001 erneut in Allahabad stattfand, überstieg die Zahl der Besucher alles bisher Dagewesene. In diesem Jahr ergab sich für das Datum dieses den Hindus heiligen Festes eine Konstellation, die nur alle zwölf mal zwölf Jahre, also nur einmal in 144 Jahren auftritt. Die Behörden erwarteten 40 Millionen Menschen, tatsächlich kamen aber wohl 70 Millionen. Und alle wollten in den heiligen Flüssen baden, die sich an dieser Stelle vereinigen. Damit hofften sie der Erleuchtung näher zu kommen und den Zyklus der Wiedergeburten, der als grundlegender Gedanke im Hinduismus verankert ist, verlassen zu können.

Heilige Wasser

Das Flussfest der Kumbh Mela wird alle drei Jahre abgehalten, abwechselnd in Hardwar, das am Ganges in den Ausläufern des Himalaja liegt, dann im zentralindschen Ujjain am Sipra, in Nasik am Godavari-Fluss in der Nähe von Bombay (Mumbai) und schließlich – als bedeutendster Ort – in Allahabad. Im nördlichen Zentralindien fließen dort Ganges, Jamuna und der mythische Saraswati zusammen. (Nach neuesten archäologischen Ergebnissen soll dieser auch wirklich existiert haben.)

Allahabad erreicht für Hindus die gleiche Bedeutung wie Mekka für alle Muslime, wie Bodh Gaya, wo Buddha die Erleuchtung erlangte, für Buddhisten oder wie Rom und Jerusalem für viele Christen. Begibt sich ein Hindu auf die Pilgerreise zur Kumbh Mela, dann beginnen die Sünden seiner früheren Leben »zu zittern wie ein Baum, der von einem starken Wind geschüttelt wird«.

Voller Verehrung kommen die Pilger zum Ganges, dem großen heiligen Fluss Indiens und der Quelle allen Lebens. Bei jeder Kumbh Mela werden für die Millionen von Pilgern gigantische Zeltstädte errichtet, die alle Dienste einer normalen Stadt anbieten.

Die Pilger streben das Ende des Zyklus der Wiedergeburten an, indem sie zu einer Glück verheißenden Zeit an einem bestimmten Ort in die heiligen Wasser eines Flusses eintauchen. So wird ihnen Erlösung gewährt.

Jede der genannten Städte richtet die Kumbh Mela alle zwölf Jahre aus. Sechs Jahre nach jedem großen Fest wird in Hardwar und Allahabad jeweils eine »kleine« Kumbh veranstaltet, die immer noch beträchtliche Menschenmassen anzieht. Doch das Fest des Jahres 2001 in Allahabad war ein Ereignis, das in dieser Form niemand ein weiteres Mal erleben wird.

Zu einer Kumbh Mela reisen Millionen von Pilgern nicht allein aus allen Gegenden des riesigen Subkontinents Indien – zu einem jeweils vorbestimmten Ort und zu einer vorbestimmten Zeit,

meist im Januar oder Februar. Die Menschen kommen aus den Metropolen wie Delhi, Kalkutta oder Bombay, aus den Wüstensiedlungen Rajasthans und aus den Dörfern der Westküste. Sie sprechen verschiedene Sprachen und unterscheiden sich durch die Zeichen auf der Stirn, die sie als Mitglieder einer religiösen Sekte identifizieren. Vielfältig sind auch ihre Gewänder und ebenso ihre Bräuche. Doch alle kommen sie, um in die heiligen Wasser der Flüsse einzutauchen.

Es gibt keine Einladung und (zumindest in Indien) keine Werbung für die Reise. Keine religiöse Organisation veranstaltet das Ereignis. Und dennoch wissen die Menschen, wann sie sich aus ihren weit entfernten Dörfern und Städten auf den Weg machen müssen.

Den Höhepunkt der Pilgerreise bestimmt eine astrologische Konstellation, und zwar wenn Jupiter im Zeichen des Wassermanns steht und die Sonne in das Zeichen Widder eintritt. *Kumbh* ist das Sanskrit-Wort für »Wassermann«, kann aber ebenfalls »Wassergefäß« bedeuten. *Mela* wird als »Fest« übersetzt. Die Kumbh Mela erhielt ihren Namen von jenem Gefäß *(kumba),* das in der Hindu-Mythologie den Nektar *(amrit)* enthielt. Die Legende berichtet, dass zum Anfang der Zeit die Götter und Dämonen zusammen den Milchozean quirlten, um ihm ein Elixier abzuringen, das Unsterblichkeit gewährte. (Das Hindi-Wort *amrit* bedeutet unter anderem »unsterblich«.) Obwohl die Götter versprochen hatten, den Trank mit den Dämonen zu teilen, flohen sie mit dem Gefäß. Ihre Flucht dau-

Sonderzüge bringen die Gläubigen über die gewaltigen Entfernungen des Subkontinents zum jeweiligen Ort der Kumbh Mela. Die Reise kann tagelang dauern, und im Zug ist es genauso eng wie in den Pilgerorten.

erte zwölf Tage, was zwölf Jahren im Leben der Menschen entspricht. Dabei verschütteten sie *amrit* an vier Punkten der Erde: Allahabad, Hardwar, Ujjain und Nasik. Allahabad aber ist in zweifacher Hinsicht ein heiliger Ort, denn nach einer anderen Göttergeschichte fiel hier auch ein Tropfen von Shivas Samen auf die Erde – ein weiterer Schlüssel zur Unsterblichkeit.

Für alle Hindus ist der Ganges der heiligste aller Flüsse. Nach der Legende strömen die Wasser der Göttertochter Ganga vom Himalaja durch die weiten Ebenen zum Golf von Bengalen. Wer in ihnen

Die *saddhus* tragen Ketten aus Ringelblumen und haben Körper und Haare mit Asche bestäubt. Meist leben sie abgeschieden als Eremiten. Nur zur Kumbh Mela treten sie als Gruppe auf.

badet und sich der Andacht hingibt, wird gesegnet. Auch die Ganges-Stadt Varanasi (Benares), 80 Kilometer von Allahabad entfernt, gilt als heiliger Ort und ist weltberühmtes Pilgerziel.

Für Hindus ist es von herausragender Bedeutung, an den Ufern des großen Stromes verbrannt zu werden, denn die heiligen Fluten sollen die Asche oder den Leichnam forttragen. So wurde nach hinduistischem Ritus die Asche von Mahatma Gandhi, dem Gründer des modernen Indien, am Zusammenfluss von Ganges und Jamuna in Allahabad verstreut. Nicht aus primär religiösem Anlass, sondern in Verehrung für diesen großen Politiker kommen daher viele Inder in die Stadt.

Der Welt entsagen

Besonders auffällig unter den Gruppen, die zur Maha Kumbh Mela eintreffen, sind jene »heiligen Männer«, die sich vom weltlichen Leben abgewandt haben und als Zeichen ihrer Besitzlosigkeit nackt oder fast nackt reisen. Sie verbringen ihr ganzes Leben als religiöse Pilger, wandern von einem heiligen Ort zum nächsten und feiern die Götter durch ihr asketisches Leben. Einige verehren Vishnu oder Krishna, manche Shiva oder andere Götter des hinduistischen Pantheons.

An den Tagen, die das größte Glück verheißen, führen die heiligen Männer, die *saddhus,* Millionen von Pilgern in einer Prozession vom Lager hinunter zu den *ghats,* den stufenförmigen Terrassen am Ufer. Die Spitze des Zuges bildet eine Gruppe von Shiva verehrenden Asketen, die *nagas.* Diese Männer, im Gebot absoluter Besitzlosigkeit selbst ohne Lendentuch und nur mit Asche bestäubt, verstehen sich als besonders engagierte Verteidiger des Hinduismus und gehen den Prozessionen seit Jahrhunderten voran. Einige von ihnen demonstrieren dabei ihre Fähigkeiten im Ringkampf oder im Gebrauch von Schwertern und anderen Waffen.

Die Pilger streben danach, an einem vorherbestimmten Tag an genau jenem Ort in den Ganges zu tauchen, auf den das *amrit* fiel, und damit der Unsterblichkeit näher zu kommen. Das Bad und die Gebete am Flussufer sollen geistige Energie wecken. Tausende von Aspiranten geben sich daher intensiven religiösen Übungen hin und versuchen mit Hilfe neuer Energie selbst zu »heiligen Männern« zu werden. Durch ihre persönliche Reinigung stärken sie das kollektive Bewusstsein.

Die Masse Mensch

Geradezu fieberhaft arbeiten die Reiseagenturen, um alle zwölf Jahre den Ansturm zu bewältigen, zumal die Zahl der Besucher kontinuierlich wächst. Die meisten Pilger wohnen während der Kumbh Mela mit Hunderttausenden Gleichgesinnten in riesigen Zeltstädten. Sie kochen, essen, schlafen und waschen sich alle in bedrückender Enge. Oft schon kam es zu Gewalttätigkeiten zwischen religiösen Gruppen. Ausländer fürchten sich vor allem davor, bestohlen zu werden oder auch zu erkranken. Und wer aus Amerika oder Europa im Flugzeug anreist, steigt ohnehin meist lieber in einem Hotel ab.

Unter den Millionen von Besuchern sind nur wenige Tausend von schierer Neugier getrieben: Touristen, Journalisten, Fotografen oder Filmemacher. Sie suchen meist die auffallenden Aspekte, die nackten *saddhus* etwa oder Pilger im Drogenrausch. Für die Schaulustigen ist die Kumbh Mela ein Spektakel, doch eigentlich präsentiert sie lediglich das gesamte Spektrum der kultischen Handlungen im Hinduismus.

Große Ausstellungen vermarkten während des Festes allerlei Waren indischer Firmen, Wohltätigkeitsorganisationen preisen sich an. Künstler und Kunsthandwerker, Gaukler, *swamis* (männliche religiöse Lehrer), Priester, Astrologen, Zukunfts-

Meister des Feuers. Die übersteigerten asketischen Praktiken, die mit dem Hinduismus verbunden werden, das Feuerlaufen oder Durchstechen von Körperteilen etwa, gehören zum Pilgerfest.

Die *naga saddhus*, Anhänger eines bestimmten Gurus, reiten in einer Prozession zum Fluss. An den frommen Zuschauern vorbei werden dann auch große Figuren des Gottes Shiva und anderer Gottheiten getragen.

deuter und Bettler – sie alle ringen um die Aufmerksamkeit der Gläubigen. Ebenso die Polizisten, die das Getümmel der Autos und Busse zu ordnen versuchen und Kleinkriminelle verfolgen, die sich trotz aller Spiritualität unter die Massen mischen. Zu ihrer Unterstützung mussten bei der Kumbh Mela 1998 in Hardwar sogar paramilitärische Trup-

pen gerufen werden, um die in einigen Quartieren ausgebrochene Gewalt zu beenden.

Doch in den Zehntausenden von Zelten, die weit entfernt von den leicht zugänglichen und »berühmten« Stellen entlang der Hauptstraßen aufgeschlagen sind, widmen sich Millionen von Pilgern, nur beobachtet von ihren Nachbarn, karitativen Handlungen, fasten, meditieren und rezitieren die Schriften. Viele bleiben einen ganzen Monat und lassen sich von religiösen Lehrern unterweisen. Andere führen bei der Kumbh Mela die

Rituale ihres Lebenszyklus aus und werden dabei von Priestern begleitet, die ihrer Familie seit vielen Jahren verbunden sind. Blumen werden ins Wasser geworfen und selbst Tote darin versenkt. Einige Pilger bringen sogar die Leichname verstorbener Angehöriger mit, um sie am Flussufer zu verbrennen. Andere reisen mit der Asche, den Knochen oder persönlichen Gegenständen der Toten an, die sie dem Wasser übergeben.

Hardwar

Die Stadt in Nordindien wird manchmal auch *Ganga-dvar,* »Tor des Ganges«, genannt, weil der Fluss hier den Himalaja verlässt und seine lange Reise durch die Ebene zum Golf von Bengalen antritt. Als 1998 zehn Millionen Pilger eintrafen, um im Ganges zu baden, konnte Hardwar sie kaum noch aufnehmen, zumal in der Stadt ohnehin schon viele Pilgerwege zu religiösen Stätten in den Bergen beginnen. Die Kumbh Mela ist nur das größte und bekannteste Ereignis in einem komplexen System der hinduistischen Zeremonien.

Hardwar ist bereits Pilgerziel, seit der buddhistische Mönch Xuanzang, der 629 von China nach Indien reiste, in den Ort kam. Viele vertreten heute die Ansicht, die Kumbh Mela sei ein Ritual, das seit undenklichen Zeiten praktiziert würde, doch stammen die ersten schriftlichen Zeugnisse einer solchen Versammlung erst aus dem frühen 16. Jahrhundert. Durch die Bahn wurde die Stadt ab der Mitte der 1880er-Jahre dann auch für immer mehr Menschen erreichbar. 1938 waren es etwa eine Million.

Die an der Kumbh Mela teilnehmenden »heiligen Männer« haben in allen Orten der Kumbh Mela ihren eigenen, von den anderen Pilgern abgetrennten Bereich. In Hardwar erstreckt sich das Lager der *vairagi,* der Verehrer Vishnus, weit außerhalb, südlich der Stadt. Zwei andere Gruppen von

saddhus, die *sanyasi* (Verehrer Shivas) und die *udasi* (die eigentlich Sikhs sind), besitzen Grund und Boden in Hardwar und Umgebung. Daher liegen ihre Zeltbehausungen mitten in der Stadt in der Nähe ihrer festen *ashrams* (religiöse Rückzugsstätten).

Die Pilgercamps verteilen sich über eine Kette sonst unbewohnter Inseln in der Flutebene des Ganges und sind durch Brücken mit der Stadt verbunden. Einige werden sogar nur für die Kumbh Mela errichtet und später wieder abgebrochen. Die meisten Lager haben ein zeremonielles Eingangstor aus einem mit farbigem Stoff bespannten Holzgerüst. Ein Schild bezeichnet die Gruppe, die dort wohnt, und den Namen ihres *swami.* Meist gibt es auch ein *pandal,* ein großes Zelt für öffentliche Versammlungen.

Für Elektrizität sorgt, gegen geringe Gebühr, die Mela-Verwaltung. So gibt es nicht nur Licht, sondern auch ein Lautsprechersystem zur Übertragung religiöser Veranstaltungen. Aber unter den hellhörigen Zeltplanen, ist an Schlaf nur zu denken, wenn auch die Lautsprecher der Nachbarlager schweigen.

Zeit fließt

Die Kumbh Mela bringt Millionen von Gläubigen abwechselnd nach Allahabad und in drei andere heilige Städte. So werden die Hindus daran erinnert, dass die Zeit zyklisch ist. *Samsara,* die Vorstellung eines niemals endenden Lebenskreislaufs, zählt zu den zentralen Glaubensgrundsätzen der Pilger, die in den heiligen Wassern baden. Der Zyklus wird von astrologischen Prinzipien und einem unabänderbaren Kalender beherrscht, nach dem alles Existierende verschwindet und wiederkehrt. Wer glücklich und tugendhaft lebt, kann die Unsterblichkeit erlangen und verlässt den ewigen Kreislauf von Geburt und Wiedergeburt.

Von einem Fenster im ersten Stock blicken diese Pilger auf die Fassade des Goldenen Tempels, der trotz mehrfacher Verwüstungen in drei Jahrhunderten in ungebrochener Schönheit erstrahlt.

ZWEITE REISE

AMRITSAR
und der
GOLDENE TEMPEL

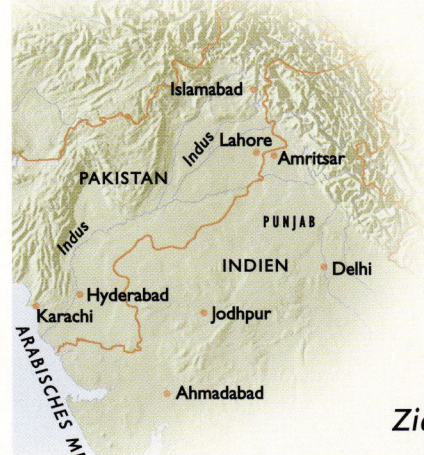

Sanfte braune Gesichter unter makellos weißen Turbanen – werbewirksam lächeln die Reiseveranstalter aus dem Punjab ihren Kunden auf Hochglanzbroschüren entgegen. Den Empfängern in ganz Indien, in Pakistan, aber auch in Kanada, Australien, Großbritannien und Südafrika versichern die bunten Prospekte, dass bei einer Pilgerfahrt nach Amritsar, dem wichtigsten Ziel aller Sikhs, für alles gesorgt wird. Schon seit mehr als vierhundert Jahren pilgern sie nach Amritsar und seit gut drei Jahrhunderten ist ein gebundenes Konvolut von Handschriften das wichtigste Objekt in dieser von Wasser umgebenen goldenen Schönheit.

Der Turban – äußeres
Merkmal der Sikhs.

Die Glaubensgemeinschaft der Sikhs, die ihr Zentrum im Punjab im Nordwesten Indiens hat, entstand erst im 16. Jahrhundert. Mit ihren Turbanen und Vollbärten sind sie im indischen Alltag leicht zu erkennen, doch auch in der Geschichte des Landes kommt ihnen durch ihre kriegerische Tradition ein besonderer Platz zu. Viel Blut ist über die Jahrhunderte in gewalttätigen Auseinandersetzungen vergossen worden.

Die Sikhs gehörten zu den ersten Gemeinschaften, deren Mitglieder in großer Zahl aus Indien auswanderten – vor mehr als einem Jahrhundert zunächst nach Kanada, später nach Großbritannien und in andere Länder. Der Sikhismus missioniert nicht, dennoch treten einige seiner Anhänger als geradezu fanatische Verfechter ihres Glaubens auf. Und alle Sikhs, ob sie nun in Toronto oder Wolverhampton, Lahore oder Rawalpindi zu Hause sind, wollen zumindest einmal in ihrem Leben den Tempelkomplex von Amritsar besuchen. Dort blicken Sie zurück in die bewegte Vergangenheit ihres Volkes und verehren ihren höchsten Guru: ein Heiliges Buch auf einem seidenen Kissen.

Der Sikhismus und die Religionen Indiens

Pilgerreisen gehören untrennbar zu allen Religionen Indiens. Die Jaina sind immer unterwegs, aber ebenso erachten Hindus, Buddhisten, Sikhs und Muslime Pilgerreisen als ihre heilige Pflicht. Die im Land selbst entstandenen Glaubensgemeinschaften – Jainismus, Hinduismus, Buddhismus und Sikhismus – pflegen alle die Rituale des Badens oder der Blumenopfer, sie formulieren in ähnlicher Weise das Streben nach Reinheit, sehr individuell hingegen das *dharma,* die moralischen spirituellen

Der Baba-Gujhaji-Baum im Tempelbezirk vom Amritsar ist bereits 450 Jahre alt. Er überlebte sogar die Rodung, die stattfand, als sich die ersten Gurus zur Meditation an dem See niederließen, der jetzt den Goldenen Tempel umgibt.

Lesung aus dem *Granth Sahib,* dem heiligen Text der Sikhs, der als der letzte und oberste Guru große Verehrung genießt. Auch den Weg des Buches vom Goldenen Tempel zum *Katha Sahib,* wo es nachts liegt, begleiten viele Pilger.

Ziele. Darüber hinaus gibt es grundlegende Unterschiede: ein Gott oder viele Götter, eine konkrete oder eine unbestimmbare Gottheit.

Unter Indiens Religionen nimmt der Sikhismus eine Sonderstellung ein. Sein Gründer Nanak lehrte Ehrfurcht und Hingabe, das hinduistische Kastensystem, Zauberei und Wunder lehnte er ab. 1496 in der Nähe von Lahore geboren, entwickelte er während seiner Reisen zu vielen heiligen Orten auf dem Subkontinent eine Theorie des Einen Gottes, auch wenn dieser viele Namen trug. Nanaks Nachfolger verfeinerten seine Theologie.

Ende des 17. Jahrhunderts wurde für alle Männer, die zu den *khalsa,* den »Reinen«, gehören wollten, das Tragen der »fünf kakkars« etabliert: *kesh,* ungeschnittenes Haar, *kanga,* der Kamm, der dieses unter dem Turban zusammenhält, *kirpan,* der Dolch mit *kara,* dem Eisenarmband, und das Lendentuch *kacch,* das den nicht beschnittenen Penis verbirgt. Traditionell erhalten die Männer den Nachnamen *Singh,* »Löwe«, während Frauen *Gaur,* »Prinzessin«, heißen.

Der Schrein der Sikhs

Die Geschichte des Goldenen Tempels beginnt mit dem dritten Sikh-Guru, Amar Das, der bevorzugt an den Ufern des kleinen Sees meditierte. Sein 1574

Wächter des Goldenen Tempels: Gekleidet in prächtige Gewänder und unbeeindruckt von den Strömen der Sikh-Pilger, hält dieser Tempelpriester, ein *nihang,* Wache über Amritsars Schätze.

ernannter Nachfolger Ram erwählte den Platz, 160 Kilometer östlich von Lahore gelegen, um ständig dort zu leben. So entstand das Haus Gottes, das *Harmandir Sahib,* um das sich Amritsar entwickelte. Der Name bedeutet »Nektarsee« oder »Wasser der Unsterblichkeit«. Spätere Gurus bauten die Anlage aus, errichteten eine Badestätte und einen einfachen Backsteintempel in der Mitte des Sees. Sein wichtigstes Charakteristikum waren von Anbeginn vier Türen, jeweils eine für jede der vier wichtigsten hinduistischen Kasten.

Anfang des 17. Jahrhunderts wurde Amritsar zum großen Zentrum der Gelehrsamkeit der Sikhs erwählt. In einem feierlichen Akt überführte man 1604 das Buch der Schriften, bekannt als *Granth Sahib,* in den neuen Goldenen Tempel. Außer in Zeiten der Gefahr wird es seither jeden Tag in einer Zeremonie von dem Platz, an dem es im *Katha Sahib* über Nacht bleibt, in den Tempel auf der Insel getragen. Der Guru Gobind Singh nominierte vor seinem Tod im Jahr 1708 das *Granth Sahib* zum nächsten, letzten und obersten Guru der Sikhs.

Kriegerische Zeiten

Für die militante Minderheit der Sikhs, die heute einen unabhängigen Staat Khalistan anstrebt, ist der Goldene Tempel ein Symbol des langen Kampfes. Als erste führten die muslimischen Mogul-Herrscher blutige Kriege gegen die Sikhs, deren ursprünglich friedvolle Religion sich in der Gegenwehr zu einem kämpferischen Glauben wandelte.

1763 besetzten und zerstörten die Afghanen den Tempel. Nachdem die Sikhs die Kontrolle über den Punjab zurückgewonnen hatten, errichteten sie den Schrein in größerem Maßstab neu, denn immer mehr Pilger kamen, um das Heilige Buch zu sehen. Fast ein Jahrhundert waren auch die Briten die Herren des Tempels, 1922 gab das Kolonialministerium die Schlüssel zurück – drei Jahre

nach dem Massaker von Jallianwallah Bagh unweit des Tempels, bei dem Truppen unter dem Befehl von Brigadegeneral Dyer auf unbewaffnete Menschen geschossen hatten, die zum Gebet und einer politischen Demonstration versammelt waren. Mahatma Gandhi erkannte darin den Anfang vom Ende der britischen Herrschaft.

Mehr als 50 Jahre danach war Indira Gandhi 1977 als Premierministerin wieder gewählt worden. Das Kriegsrecht war ausgerufen, denn auch sie versuchte die Macht der militanten Sikhs, die die Unabhängigkeit des Punjab anstrebten, zu schwächen. Als ein einflussreicher Sikh-Priester mit anderen Dissidenten in den Goldenen Tempel flüchtete, kam der Befehl zur »Operation Blauer Stern«: Im Juni 1984 rollten Panzer gegen den Tempel an und beschossen ihn, 5000 Zivilisten fanden den Tod. Kurz darauf wurde Indira Gandhi von zwei Sikh-Leibwächtern ermordet. Die Tat war Auslöser für eine blutige Welle der Gewalt gegen die Sikhs.

Tempel-Rituale

In Amritsar ist seit langem wieder Ruhe eingekehrt und Jahr für Jahr fühlen sich Tausende von Pilgern von dem heiligen Ort angezogen. Ihr Tag beginnt bereits um drei Uhr morgens mit den Vorbereitungen zum Tempelbesuch. Vor dem Haupteingang ziehen die Gläubigen (in der Mehrzahl Männer) ihre Schuhe aus und waschen sich die Füße. Viele kaufen Ketten aus Tagetesblüten als Opfergabe.

Dann gehen sie die Marmorstufen hinunter zum *parkarma,* dem Marmorweg um das Wasserbecken, und blicken über den spiegelglatten See hinüber zum goldbedeckten *Harmandir Sahib.* Nach einer tiefen Verbeugung wenden sie sich nach links, um den gesamten *parkarma* zu beschreiten. Sie halten bei kleineren Schreinen, waschen sich oft auf den Stufen bestimmter Schreine, bevor sie schließlich das Harmandir erreichen. Die

Namen von Märtyrern und gefallenen Soldaten, eingemeißelt in Marmortafeln, halten die Erinnerung an den Glaubenskampf lebendig.

Schon im Morgengrauen ist der große Platz gefüllt. Mit den ersten tiefen Trommelschlägen teilt sich die Menge, um Platz zu machen für das *palki*. In einer Sänfte aus Gold und Silber erscheint der Oberpriester, das *Granth Sahib* auf einem Kissen auf seinem Kopf tragend. Die Gläubigen verstreuen Rosenblüten und rufen Lobgesänge, manchmal dauert die kurze Zug über den Damm eine halbe Stunde. Im Harmandir trägt der Priester den Guru zu seinem Ehrenplatz, öffnet das Buch und verliest das *vaq*, die Botschaft des Herrn für den Tag. Bis in den Abend werden dann heilige Verse gesungen.

Nach Verlassen des Harmandir gehen die Gläubigen weiter auf dem inneren *parkarma* zu anderen Schreinen, bevor sie über den Damm zum Seeufer zurückkehren. Unter den Pilgern sind auch jung vermählte Paare, die hier den Segen für ihr weiteres Leben erwarten – die Bräute in ihren rot-goldenen Hochzeitskleidern, die Männer mit sorgsam gebundenen violetten oder roten Turbanen.

Bei Sonnenuntergang verstummen die Gebete. Guru *Granth Sahib* wird ehrfürchtig geschlossen, in frische Lagen von Seide und Musselin gewickelt und auf dem *palki* für die Nacht zum *Katha Sahib* getragen. Die schweren Tempeltüren aus Rosenholz und Silber schließen sich, Freiwillige beginnen die rituelle Reinigung des Schreins mit Milch und Wasser. In wenigen Stunden werden sich die Türen ein weiteres Mal öffnen und eine neue Pilgerschar wird die Würde verspüren, die der Goldene Tempel trotz aller Kampfesspuren immer noch ausstrahlt.

Auf den Stufen eines Schreins hat dieser tief in Andacht versunkene Pilger sorgfältig die Girlande aus gelben Tagetes und weißen Blüten arrangiert, die er als Opfergabe mitgebracht hat.

Ein junger Zuñi trägt die bunte Kleidung, Stachel-schwein-Kopfputz und den traditionellen Schmuck zu den Tanzzeremonien, die in seinem Pueblo schon seit vorspanischer Zeit überliefert sind.

DRITTE REISE

CORN MOUNTAIN
und die
ZUÑI

Als der englische Schriftsteller D. H. Lawrence 1922 nach New Mexico kam, spürte er, dass seine »grausame Pilgerreise« nun ein Ende gefunden hatte. Er war durch die

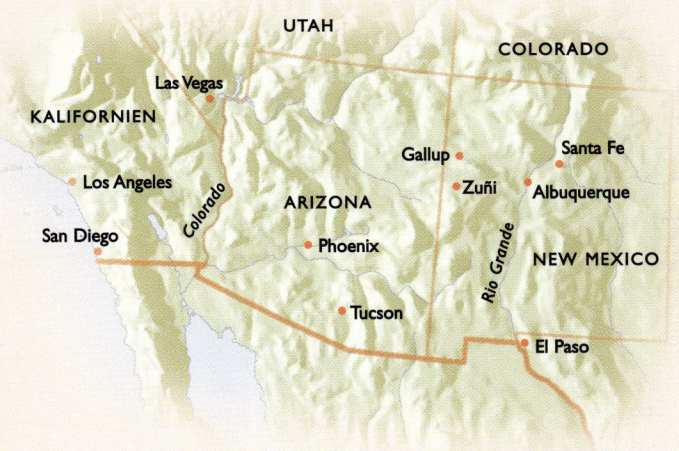

ganze Welt gezogen, um eine Kraft verströmende präzivilisatorische Kultur zu suchen, und glaubte sie in New Mexico gefunden zu haben. Dies sei der einzige Ort, erklärte er, der ihn je verändert habe. Seit dieser Zeit sind viele Menschen nach New Mexico gekommen, um auch für sich die Weisheit zu finden, die die alte Kultur birgt.

Wer heute New Mexico besucht, wird feststellen, dass die großartigsten Zeugnisse einer jahrtausendealten Kultur bei den Nachfahren der alten indianischen Stämme und in den von ihnen gestalteten Landschaften zu finden sind. In der Tradition der Zuñi ist die Verehrung der Götter eng mit ausgedehnten Reisen verbunden.

Pueblo-Völker

Das Vordringen der Navajo von Norden her sowie die Ankunft der Spanier in Nordamerika hatte tief greifende Auswirkungen auf das Schicksal der im Südwesten der heutigen USA ansässigen Hopi- und Zuñi-Indianer. Trotz hoher Verluste auf Seiten der Ureinwohner war die Zahl der Überlebenden groß genug, um den Erhalt der alten Stammeskulturen zu gewährleisten. Mittlerweile siedeln die Zuñi in einem eigenen Reservat, und zwar vorwiegend in Pueblos in der Nähe der Stadt Zuñi (New Mexico). Obwohl sie nach ihrer Physiognomie, Kultur und sozialen Organisation mit anderen Rio-Grande-Völkern, etwa den Hopi, verwandt sind, bilden sie eine eigene Sprachfamilie. Ihre Pueblo-Häuser bauen sie vorwiegend aus luftgetrockneten Lehmziegeln, den *adobe*.

Die Zuñi stammen von den Einwohnern der sieben Zuñi-Städte ab, die der Franziskanermissionar Marcos de Niza 1539 entdeckte und die von den Spaniern »Sieben Städte von Cíbola« genannt wurden. Vom goldenen Bild eines Dorfes im Licht der untergehenden Sonne »geblendet«, berichtete er an die Kolonialherren, die Zuñi besäßen immense Vorräte an Gold. Im Jahr 1540 führte der spanische Abenteurer Francisco Vásquez de Coronado eine Expedition an, die die sagenumwobenen Sieben Städte finden sollte. Er unterwarf die Zuñi, Schätze aber entdeckte er keine. Eine christliche Mission wurde 1629 eingerichtet, doch der Stamm pflegte weiterhin seinen alten Glauben. 1680 gab

In einer Abfolge von Zeremonien, die dem Regengott, der Sonne und dem Großen Geist gewidmet sind, feiern die *Kachina*-Tänzer den Übergang der Jahreszeiten und bitten um die Segnungen der Götter.

es noch 2500 Zuñi, die sich dem erfolgreichen Pueblo-Aufstand gegen die Spanier anschlossen, um 1692 aber erneut unterjocht zu werden. Zusammen mit anderen Gebieten des Südwestens wurde das Zuñi-Territorium 1821 mexikanisch und 1848 an die Vereinigten Staaten abgetreten.

Wie andere Pueblo-Völker sind die Zuñi berühmt für ihre Web- und Flechtkunst, Tierfetische und bezaubernden Türkisschmuck. Nicht nur im Alltag, sondern ebenso bei der Gestaltung dekorativer Gegenstände leben sie ihre Freude an der Farbe aus. Für ihren Schmuck fügen sie Türkise, Mu-

Corn Mountain ist das Ziel der sommerlichen
Pilgerreise der Zuñi und steht im Mittelpunkt der
Zeremonien, die Regen bringen sollen, damit der
Mais wachsen kann und der Stamm erhalten bleibt.

Der bucklige, Flöte spielende Schöpfer *Awona-wilona* ist die zentrale Figur in der Kosmologie der Zuñi und anderer Völker im Südwesten der Vereinigten Staaten von Amerika.

scheln oder Jet zu feinen, in Silber eingelegten Mustern. Der reiche Sagenschatz kennt eine nette Farbengeschichte von der Krähe und dem Papagei: Beide Vögel zeigen den Zuñi-Frauen ein Ei, von denen sie das schönere behalten sollen; sie wählen das Krähenei wegen seiner ungewöhnlich türkisen Schale.

Obwohl die Zuñi nicht viel töpfern, pflegen sie eine lange Tradition in der Fertigung formvollendeter Keramiken für ihre Zeremonien.

Feldfrüchte als Gabe der Götter

Heute zählt das wachsende Volk der Zuñi etwa 9000 Mitglieder. Sie bewirtschaften das trockene Land nach überlieferten Bewässerungsmethoden. Eine fest organisierte Kaste von Priestern besitzt eine starke Machtposition innerhalb des Stammes, der sich in sechs Kultgruppen gliedert (nach den vier Himmelsrichtungen sowie den Sphären Oben und Unten). Jede der Gruppen verfügt über ein eigenes *kiva*, eine Zeremonienkammer, denn obwohl die Zuñi bereits vor langer Zeit christlich missioniert wurden, fühlen sie sich weiterhin ihren Stammesritualen verbunden. Diese stehen in enger Beziehung zum Wechsel der Jahreszeiten und der Verehrung für den Regengott.

Die wichtigste Feldfrucht der Zuñi ist der Mais, dessen Anbau die frühen Völker Amerikas über Jahrhunderte perfektioniert haben. Mais benötigt Sonnenschein, woran es in New Mexico nicht mangelt, dafür aber umso mehr an Wasser. Auch der Fluss, an dem der Hauptort Zuñi liegt, trocknet häufig aus. In diesem Gebiet fallen im Jahresmittel weniger als 250 Millimeter Niederschlag. Deshalb steht die Bitte um Regen und Sonne im Mittelpunkt aller kultischen Handlungen.

Ein großes Pantheon von Geistern und Göttern ist den Völkern des Südwestens gemeinsam. Das androgyne oberste Wesen der Zuñi ist *Awona-wilona,* der Schöpfer des Lebens. Die Sonne gilt als das Herz des Himmels, die Erde als Maisjungfrau, auch der Mond und die wichtigsten Sterne werden als Gottheiten verehrt. *Koloowisi,* die federgeschmückte Schlange, wird symbolisiert durch den Blitz, der zugleich Sinnbild der Fruchtbarkeit ist, denn Gewitter bringen Regen in die Wüste.

Immer schon gibt es bei den Zuñi erfahrene Himmelsbeobachter, die exakt bestimmen, wann die richtige Zeit für die Zeremonien gekommen ist. Die bedeutenden Zuñi-Rituale stehen in Bezug zu den Solstitien, dem längsten und dem kürzesten Tag des Jahres. Im Juni wird der erste der beiden großen Regentänze veranstaltet, denn die Indianer glauben, dass die Sonne ihren Kurs ändern muss, um durch Regen eine gute Ernte zu ermöglichen und damit den Zusammenhalt der Gemeinschaft nicht zu gefährden. Außerdem veranstalten die Pueblo-Indianer von New Mexico zur Sommersonnenwende einen Staffellauf. Sie wollen dadurch der Sonne Kraft für den Weg in ihre winterliche Sphäre geben.

Einmal im Jahr halten die Zuñi ein Ritual außerhalb ihres Pueblo ab und reisen dafür zum 32 Kilometer entfernten Corn Mountain. Einige machen sich zu Pferd auf den Weg, doch die meisten fahren heutzutage mit Pickups. Ganze Familienclans, einschließlich der Alten und Jungen, sind dann unterwegs. Corn Mountain hat, wie der Name »Maisberg« schon angedeutet, eine zentrale Bedeutung in der Kosmologie des Stammes. Nur der Besuch des Berges und der ihn regierenden Götter, die Regentänze und die Zeremonien der Himmelsbeobachtung können Aussicht auf eine gute Ernte bringen. Mais ist die Nahrung der Sterblichen, aber es ist auch geheiligte Nahrung. Mais ist zudem »gierig« (da er den Boden auslaugt), weshalb man ihn nie zweimal hintereinander auf demselben Feld anbauen sollte. Und damit er überhaupt wächst, müssen die Götter befriedigt sein.

Insider und Outsider

Der zur Wintersonnenwende im Dezember aufge-
führte *Shalako* ist wahrscheinlich der berühmteste
der so genannten *Kachina*-Tänze, die die Zuñi und
ihre Nachbarstämme jedes Jahr den Göttern wei-
hen. *Kachina* sind Geister, die als Mittler zwischen
den Menschen und dem Großen Geist sowie als
Boten zwischen dem Pueblo und den Regenmen-
schen agieren. Sie manifestieren sich unter anderem als Wolken, die den trockenen Feldern Regen
bringen. Mit dem *Shalako* feiern die Zuñi den Jah-
reswechsel und bitten die Geister, die neuen Häuser im Pueblo zu segnen. Die maskierten Tänzer
verkörpern als Boten der Regengötter die Verbindung zu den außerweltlichen Kräften. Sie verbergen
sich in grotesken Figuren von oft mehr als drei Metern Höhe. Die Köpfe gleichen denen von Vögeln
mit klappernden Schnäbeln, ihre konischen Körper
sind mit Federn, Farbe und Tierhäuten bedeckt.

Bei Sonnenuntergang beginnen die Kulthandlungen mit einer rituellen Überquerung des Flusses im Pueblo. Dann zieht die Prozession durch
jede Straße zur Segnung der Häuser. Der Ort liegt
auf 2100 Metern und die Nächte sind empfindlich
kalt, doch bis zum Morgen sind alle unterwegs.

Von den Tänzen vieler Völker ist die Öffentlichkeit ausgeschlossen. Die Zuñi hingegen glauben,
dass die Zeremonien ohne Wirkung blieben, wären
Nicht-Stammesangehörige ausgeschlossen. Besucher kommen von weit her, um den Tänzen beizu-
wohnen, hinter denen man eine gekonnte Show
vermuten könnte, zu denen aber, wie bei einer
Pilgerfahrt, viele Zuñi von ihren Wohnorten außerhalb des Pueblo anreisen. Ihre Wurzeln liegen dicht
unterhalb der Oberfläche ihres modernen Lebens.

Die Knaben und jungen Männer, die zur Sommersonnenwende an den Staffelläufen am Corn Mountain teilnehmen,
hoffen, dass die Sonne dadurch genug Kraft gewinnt, um
in ihre Wintersphäre zurückzukehren.

In tiefer Anbetung. Hundertausende Pilger besuchen jedes Jahr zu den Marienfeiertagen das Heiligtum der *Czarna Madonna* von Tschenstochau und erhoffen sich Beistand für ihr Leben.

VIERTE REISE

TSCHENSTOCHAU

An jeder Kirchentür in Polen wirbt ein Schild für die Pilgerfahrt zum Nationalheiligtum der Schwarzen Madonna von Tschenstochau. Große Gemeinden organisieren ihre eigene Reise, kleinere schließen sich der Diözese oder einer ganzen Region an. Dabei ist die Paulinerkirche des Heiligen Geistes in Warschau seit 1711 der Ausgangspunkt einer großen, einmal im Jahr veranstalteten Wallfahrt zu Fuß nach Tschenstochau.

»Du bist gebenedeit unter den Frauen ...« Der tief verwurzelte Glaube an die »Königin von Polen« blieb auch in Zeiten der Besatzung durch Schweden, Russen, Preußen und Nazis ungebrochen.

Gut 300 000 Pilger, die meisten von ihnen Polen, reisen jedes Jahr zum Fest Mariä Himmelfahrt am 15. August nach Tschenstochau. Viele durchqueren mit dem Zug die weiten, konturlosen Landschaften des Landesinnern auf dem Weg nach Süden. Auf den schlechten Straßen konkurrieren Busse und noch aus Sowjetzeiten stammende Autos mit den schnelleren und moderneren Modellen deut-

scher Bauart. Manche Wallfahrer sind aber auch lange Tage mit einfachen Pferdewagen unterwegs, ehe sie die gesichtslose Industriestadt erreichen, in der sich in der Verehrung für die Nationalheilige auch Polen selbst feiert.

Die Königin von Polen

Die Jungfrau von Tschenstochau nimmt im Leben der Polen – und in ihren Gefühlen – einen ganz besonderen Platz ein. In einem vernichtenden Krieg, der als die »Sintflut« in der Geschichte einging, musste sich das Land Mitte des 17. Jahrhunderts zunächst gegen die Kosaken, dann gegen die Schweden zur Wehr setzen, denen dennoch die Besetzung gelang. Leisteten die Polen anfangs nur wenig Widerstand, so änderte sich die Situation gravierend, als im Jahr 1655 das Kloster Jasna Góra in Tschenstochau erfolgreich gegen die Belagerer verteidigt werden konnte. Am 1. April 1656 erhob König Jan II. Kasimir die *Matka Boska*, die Muttergottes von Tschenstochau, zur »Königin von Polen«. Damit begann eine nie gekannte Verehrung für das Marienbild von Jasna Góra.

Die Ikone entwickelte sich zum Symbol der Einheit und Freiheit der katholischen Polen, anfangs gegen die protestantischen Schweden, später gegen Preußen, Russen, Nazis und Kommunisten.

Jasna Góra

Riesige Stahlwerke und Textilfabriken beherrschen Tschenstochau, heute eine der größten und am stärksten industrialisierten Städte der Region. Außerhalb des Zentrums liegt das Kloster Jasna Góra (»Heller Hügel«), das Mönche des Paulinerordens

Auf dem Platz vor dem Kloster von Jasna Góra herrscht meist Urlaubsstimmung und Trubel. Doch hinter den massiven Mauern umfängt die Pilger Stille und Andacht.

im Jahr 1382 mit Hilfe von Wladyslaw von Oppeln gründeten. 1384 brachte der Piastenfürst die byzantinische Ikone der Jungfrau Maria mit dem Kind (vermutlich zwischen dem 6. und 9. Jahrhundert gemalt) aus der heutigen Ukraine mit und schenkte sie dem Kloster. Sehr bald kamen Pilger von überall her in Polen, Preußen, Ungarn und Schlesien zum Heiligtum der Schwarzen Madonna.

Im 15. Jahrhundert wurde Osteuropa von religiösen Konflikten heimgesucht. Anhänger von Jan Hus, frühe Ikonoklasten, stürmten in der Karwoche des Jahres 1430 Jasna Góra. Sie schändeten die Marienkapelle und schleppten das Gnadenbild vor die Kirche, wo sie mit Schwertern darauf einstachen und es schließlich mit einem Dolch zerteilten. Dass die Hussiten sofort von der göttlichen Rache getroffen wurden, ist jedoch nur Legende.

König Wladyslaw II. Jagiello selbst beauftragte Handwerker mit der Restaurierung der Ikone. Die zerbrochene Holztafel wurde wieder zusammengefügt, als die Farbrestaurierung fehlschlug, fertigte man eine Kopie in Temperafarben. Ein weich fallender dunkler Schleier mit Goldrand und stilisierten Lilien als Muster bedeckt den Kopf der heiligen Maria, ihre Augen sind halb geschlossen, als wären sie mit Tränen gefüllt. Bei der Beschädigung waren zwei tiefe Schnitte in der linken Wange entstanden, die in Erinnerung an den Angriff belassen wurden. Man erzählt, die Restauratoren hätten versucht, die Scharten zu beseitigen, aber immer wieder hätten sie sich geöffnet.

Die Nachricht von der fast an ein Wunder grenzenden Wiederherstellung des Marienbildes brachte abermals Tausende von Gläubigen nach Tschenstochau. Vor allem die Berichte von Wunderheilungen trugen dazu bei, dass sich das Paulinerkloster zu einem der größten Pilgerziele Europas entwickelte. Das Gnadenbild wird heute in der Kapelle der Geburt Mariens nördlich der Klosterkirche aufbewahrt. Der hohe schlanke Turm von Jasna Góra wurde ein Wahrzeichen der Stadt – ebenso wie die Schornsteine der Industriebauten.

Dem Kloster und der Madonna wurden großzügige Geschenke gemacht, darunter auch der Hochaltar aus Elfenbein und Silber aus dem 17. Jahrhundert. Seit dieser Zeit verhüllt ein kostbares, mit Diamanten und Edelsteinen besetztes »Gewand« in Gold und Silber das Gemälde bis auf die Gesichter und die Hände. Die Schatzkammer des Klosters birgt Tausende von silbernen und goldenen Votivgaben und liturgischen Gefäßen.

Als die Madonna im Jahr 1717 mit Zustimmung des Papstes zur »Königin von Polen« gekrönt wurde, trugen unzählige Künstler, vor allem Freskenmaler dazu bei, im Stil des italienischen Barock eine würdige Marienbasilika entstehen zu lassen. Einzigartig in der unruhigen Geschichte Polens blieb Jasna Góra immer unbeschädigt, obwohl es 1655 von den Schweden und 1770 von den Russen unter Katharina II. belagert wurde. Auch die Attacken der Roten Armee 1920 blieben ohne Erfolg. Damals, so die Erzählung mancher Alten, sei das Bild am Himmel erschienen – ein Zeichen des göttlichen Schutzes.

Schwarze Madonnen

Auffälliges Merkmal der Ikone von Jasna Góra ist die Hautfarbe der Jungfrau und des Kindes. Vielfach wird der dunkle Ton damit erklärt, dass das Bild über Jahrhunderte Kerzenqualm ausgesetzt war und die Farben altern. Die *Czarna Madonna* ist aber kein Einzelfall, in Europa gibt es zahlreiche schwarze Madonnen, von denen einige sehr alt sind. In Einsiedeln in der Schweiz, in Mariazell in Österreich, in Chartres und Rocamadour in Frankreich sowie im spanischen Montserrat existieren ähnlich dunkle Marienbildnisse. In einem vorwiegend weißen Kontinent umgibt die schwarzen Madonnen so eine ganz eigene Mystik.

Der polnische Katholizismus

Die im 16. Jahrhundert in Polen noch geübte religiöse Toleranz wich im 17. Jahrhundert einer Rom ergebenen, jesuitischen Glaubensstrenge. In der Folgezeit aber besetzten protestantische deutsche Herrscher und orthodoxe Zaren von Westen und Osten her das Land. »Pole zu sein heißt auch Katholik zu sein« wurde bald zum Leitsatz der Menschen und bei der Re-Katholisierung Polens spielte die Verehrung von Heiligen, besonders der Muttergottes, eine große Rolle. Die Schwarze Madonna und viele andere Porträts und Statuen der Jungfrau wurden zu zentralen Objekten der Anbetung.

Während der langen Jahre der kommunistischen Herrschaft nach dem Zweiten Weltkrieg war das Verhältnis zwischen Staat und katholischer Kirche überaus gespannt. Die langen Pilgerzüge aus allen Gegenden Polens nach Tschenstochau wurden zu Sinnbildern des Widerstands. Etwa 25 000 Studenten machten sich jedes Jahr in Warschau zu einer zehn Tage dauernden Fußwallfahrt nach Tschenstochau auf. Sie schliefen unter freiem Himmel, begannen jeden Tag mit der Messe und versuchten den Provokationen der kommunistischen Agenten auszuweichen, die den Katholizismus zu unterwandern trachteten.

Aus allen Teilen Polens kommen die Pilger nach Tschenstochau, vor allem zu Mariä Himmelfahrt am 15. August. Viele von ihnen sind nach einem tagelangen Fußmarsch völlig erschöpft.

Am Fest Mariä Himmelfahrt kamen sie an und reihten sich in die lange Schlange derjenigen ein, die einen kurzen Blick auf die Madonna werfen und an der Messe teilnehmen wollten. Auch heute harren an großen Festtagen die Gläubigen geduldig aus, wenn zur Kommunion die Hostien an bis zu eine Million Menschen verteilt werden.

In den 1970er-Jahren erlangte Tschenstochau internationale Aufmerksamkeit. 1978 wurde der Krakauer Kardinal Karol Wojtyla zum Papst gewählt und nahm den Namen Johannes Paul II. an. Als er im Jahr darauf seine Heimat besuchte, stand der Marienwallfahrtsort an oberster Stelle seiner Reiseroute. Ein Drittel der polnischen Nation sah den Papst im Laufe seiner Reise. Wenige Monate später entstand die unabhängige Gewerkschaft *Solidarnosc* und unter der Führung des Elektrikers Lech Walensa begannen Streiks in den Werften von Danzig. Mit der Ausrufung des Kriegsrechts reagierte der Staat auf die Arbeitsniederlegungen und Demonstrationen, die auch die Industrie- und Bergbauregion in der Umgebung von Jasna Góra bewegten. Lech Walensa, das Bild der Schwarzen Madonna am Revers, entwickelte sich zu *der* herausragenden Figur des Neubeginns.

Innerhalb von zehn Jahren brach das kommunistische System, gegen das *Solidarnosc* gekämpft hatte, zusammen. Lech Walensa wurde Präsident von Polen. Viele dankten der Schwarzen Madonna für ihren Beistand. Die katholische Kirche aber verliert, seit die politischen Ziele erreicht sind, an Anhängern. Hingegen ist die Anziehungskraft der *Czarna Madonna* ungebrochen. Weiterhin kommen die Wallfahrer in Scharen, um das dunkle Antlitz der »Königin von Polen« zu sehen und ihr alle Sorgen und Nöte anzuvertrauen.

Das Bild der Schwarzen Madonna mit dem Kind ist überall in Polen zu sehen – und überall in der Welt, wo Polen eine neue Heimat gefunden haben.

Bei den Feierlichkeiten zu Ehren der Virgen del Rocío in Andalusien vermischen sich Tradition und Moderne: Die Pilgerfahrt, ursprünglich ein Fest der religiösen Verehrung, hat sich zu einem nationalen Medienereignis gewandelt.

FÜNFTE REISE

EL ROCÍO

Vielerorts sieht man in Andalusien Autos mit
dem Aufkleber »Soy Rociero« – »Ich bin ein
Rociero« –, denn stolz bekennen sich die Menschen zur Verehrung des Marienheiligtums von
Rocío. Die Romería del Rocío in der Pfingst-
woche ist eine der berühmtesten Wallfahrten
Spaniens, bei der Bruder-
schaften aus

Sevilla, Huelva und anderen Städten
in die sonst stille kleine Ortschaft
im äußersten Südwesten des Landes
aufbrechen, um der Jungfrau zu
huldigen. Drei Tage lang ist
El Rocío dann Schauplatz einer
unbeschreiblichen Fiesta.

Die Krone der Marienstatue erhebt sich bei der Prozession
hoch über den Köpfen der Pilger, die meist eine lange und
anstrengende Reise hinter sich haben.

Alljährlich zu Pfingsten ziehen Heerscharen von Gläubigen in blumengeschmückten Pferdewagen, Traktoren und Ochsenkarren durch die unwegsame und unberührte Landschaft des Nationalparks Coto de Doñana, in dessen Marschen, Sümpfen und Lagunen seltene Vogelarten einen letzten Zufluchtsort finden. Die Prozessionszüge bewegen sich ohne Eile durch eine stille Landschaft ihrem Ziel entgegen: der Wallfahrtskapelle von El Rocío mit dem Marienbildnis der Virgen del Rocío.

Die verschlafene Ortschaft am Nordrand des Naturparks wird einmal im Jahr zum Schauplatz der größten und prächtigsten Wallfahrt Spaniens. Drei Tage dauert die Fiesta von El Rocío, bei der sich die meist leer stehenden Häuser, riesigen Plätze und staubigen Straßen des Dorfes mit Menschen füllen.

Vergangenheit und Gegenwart

Die Pilgerfahrt nach El Rocío ist in ihrer für Andalusien typischen Verbindung aus religiösen, weltlichen und volkstümlichen Elementen einmalig in der Welt. Die meisten Feste der stark katholisch geprägten Region sind religiösen Ursprungs, haben aber einen angenehm weltlichen Charakter.

Ausgelassene Lebensfreude und religiöse Inbrunst kennzeichnen auch die wenige Wochen zuvor begangene *semana santa* (Karwoche) im nahen Sevilla. Des Passionswegs Christi wird in dramatischen Prozessionen gedacht, die vom dumpfen Schlag der Tamboure begleitet durch die Straßen der Altstadt ziehen. Buden und fliegende Händler vermitteln hingegen Volksfestcharakter. Nachdem die Feierlichkeiten mit einem Feuerwerk und dem Verbrennen von Straßendekorationen beendet wurden, bereiten sich die beteiligten Bruderschaften bereits auf die Reise nach El Rocío vor.

Über den Ursprung der Prozessionen berichtet eine Legende aus dem 13. Jahrhundert: Ein Schafhirte entdeckte in einem hohlen Baum eine Marienstatue und entschloss sich, sie mit nach Hause zu nehmen. Als er eine Rast einlegte, kehrte sie jedoch von selbst an ihren ursprünglichen Platz im Baum zurück. Da es auch den Bewohnern von Almonte nicht gelang, die Statue von dort zu entfernen, akzeptierten sie ihren selbst erwählten Standort und errichten einen Altar. Seitdem werden der Virgen del Rocío besondere Kräfte nachgesagt, durch die die Menschen auf wunderbare Weise von ihren Leiden befreit werden sollen.

Das Pfingstfest entwickelte sich bald zum wichtigsten Anlass für eine Pilgerreise. Bis heute strömen unzählige Gläubige zu dieser Zeit nach El Rocío, um der Jungfrau Maria die Ehre zu erweisen. Die lebensgroße Marienstatue, liebevoll *Paloma Blanca,* »Weiße Taube«, oder »Königin der Marschen« genannt, trägt eine goldenen Krone und sechs steife weiße Röcke.

Die weiß gekalkte Kirche Nuestra Señora del Rocío wurde um 1760 anstelle eines älteren Bauwerks errichtet. Die Wallfahrt ist jedoch weit älter, als die Legenden aus dem Mittelalter berichten. Wie Santiago de Compostela liegt auch dieser Pilgerort nahe der Küste, dem Ende der damals bekannten Welt. Die Verehrung einer der Venus ähnlichen Göttin wird bereits während der Herrschaft der Römer und Westgoten erwähnt, die Anbetung einer Muttergottheit existierte noch früher.

Brüderliche Liebe und Rivalität

Alljährlich zu Pfingsten machen sich die christlichen Bruderschaften *(Hermandades)* aus Huelva, Sevilla und anderen Orten Andalusiens auf den Weg nach El Rocío. Die ersten Gruppierungen dieser Art entstanden vor rund 400 Jahren, andere wie etwa Trana wurden im 19. oder 20. Jahrhundert gegründet. 1937/38, als die Schrecken des Bürgerkriegs am größten waren, gab es keine Pilgerzüge,

Durch das Marschland des Coto de Doñana zum Heiligtum von El Rocío ziehen Gruppen von reich geschmückten Wagen, die mit einem eigenen *simpecado,* einem kleinen Altar mit dem Bildnis der Virgen del Rocío, ausgestattet sind.

Die Bruderschaften tragen die Marienstatue durch die
begeisterte Menschenmenge. Kirchliche Hymnen und Partymusik aus den Lautsprechern vermischen sich mit den Rufen
der Menschen zu einer eindrucksvollen Geräuschkulisse.

während der Franco-Diktatur begann man jedoch, sie wieder zu beleben.

Die Pilger und Touristen reisen von jeher aus allen Teilen Andalusiens an: aus Sevilla, Huelva, Trigueros, Dos Hermanas, Jerez de la Frontera, Olivares und vielen anderen Orten. Seit Ende des 20. Jahrhunderts pilgern neu gegründete Bruderschaften auch aus Córdoba, Jaén, Toledo, von den Kanarischen Inseln oder sogar aus Brüssel zum Marienheiligtum.

Zehntausende legen den Weg noch auf traditionelle Weise zurück: Tagelang folgen sie in Ochsenkarren, zu Pferd oder zu Fuß den prächtig geschmückten Prozessionswagen, die einen kleinen Altar *(simpecado)* mit der Marienfigur ihrer Heimatkirche mitführen. Die Wagen und Karren dienen den *rocieros* auf ihrem Weg als Schlafstätte. Bequemlichkeit bevorzugen die rund eine Million Pilger, die in Bussen, Autos und Geländefahrzeugen anreisen. In Sanlúcar de Barrameda überqueren Wallfahrer aus Cádiz, Chipiona und Jerez mit Fährschiffen den Guadalquivir, der hier ins Meer mündet. Die Pilgerfahrt zieht selbst Mitglieder der Königsfamilie in ihren Bann – so zählte in den letzten Jahren Königin Sofia von Spanien zu den Besuchern. 1993 nahm Papst Johannes Paul II. an den Feierlichkeiten teil. Die Wallfahrt ist mittlerweile zu einem nationalen Medienereignis geworden: Zeitungen berichten Tage vorher über die Prozessionen, Reporter von Rundfunk und Fernsehen informieren live über den Verlauf des Pilgerzugs.

Religiöse Hingabe und weltliche Ausgelassenheit

Obgleich tief empfundene Gläubigkeit die Menschen zu dieser Pilgerfahrt bewegt, zeigt sich nach außen ein anderes Bild: Wallfahrer und Touristen feiern, tanzen und konsumieren Paella und Wein in großen Mengen; heitere Partymusik aus den Lautsprechern übertönt die andächtigen Klänge des Klosters. Wenn sich am Samstagabend schließlich die Bruderschaften auf dem Dorfplatz versammeln, um der Jungfrau vor dem Altar zu huldigen, sind die Strapazen der Reise vergessen. Ergreifend ist der Anblick der endlos scheinenden Kolonne von Pilgern. Die heißen Tage auf den sandigen Straßen haben die Gesichter gezeichnet, Staub hat sich auf die Rüschenröcke der Frauen gelegt.

Am Morgen des Pfingstsonntags läuten die Glocken zur Messe unter freiem Himmel. Danach nimmt die fröhliche Party erneut ihren Lauf. In der Nacht auf Pfingstmontag ist es dann soweit: Unter markerschütternden Rufen »Viva la Paloma Blanca!« und »Guapa!« trägt die älteste Bruderschaft, die *Hermandad de Almonte*, die Marienstatue aus der Kirche in das Menschenmeer auf dem Kirchplatz. Hunderte Hände strecken sich ihr entgegen, während die *almonteños* versuchen, sie vor Berührungen zu schützen. Dies endet mitunter in gewaltsamen Auseinandersetzungen, die durch übermäßigen Alkoholkonsum und religiösen Eifer geschürt werden. Schmerz, Freude, Leidenschaft, fanatische Spannung ... die Menschen scheinen in Trance.

Ein Pilger hat die Prozession einmal sehr schön beschrieben: *El Rocío ist das Olé-Rufen der Massen, das die Luft Andalusiens erfüllt und dessen Echo über den Tälern und Hügeln, den Feldern und Bergen, den Flüssen und Marschen hallt. Es steigert sich zu einem großen »Salve Regina« (»Gegrüßet seist Du, reine Königin«), das wir zu Füßen der Weißen Taube legen und von dem Glanz ihres Schreins erwidert wird. El Rocío spricht nicht, beschreibt nicht, bestimmt nicht, El Rocío inspiriert, fühlt, lebt. Aber es bestimmt nicht. ... Oh Herr, El Rocío ist der Himmel auf Erden.*

Nachdem die Marienstatue ihren Weg durch die Menge beendet hat, kehrt sie in ihre Kirche zurück und wartet dort auf das nächste Pfingstfest. Die Pilger treten in Ochsenkarren, Bussen und Autos die Heimreise an. El Rocío bleibt in Stille zurück.

Eine Kerzenwache in der Basilika von Fátima. Die Verehrung für die heilige Maria spielt in Portugal eine wichtige Rolle, viele bedeutende, aber auch kleine Kirchen auf dem Land sind ihr geweiht.

SECHSTE REISE

FÁTIMA
und
LAMEGO

Kennen manche Sprachen nur wenige Wörter, um eine Reise mit religiösem Ziel zu beschreiben, so hat das Portugiesische, ähnlich wie das Spanische, eine ganze Reihe davon. Die »romaria« ist ein lokales Ereignis, eine Dorf-prozession zu einer Kapelle, die vielleicht am Orts-rand liegt und dessen Heilige nur in einem klei-nen Gebiet besonders verehrt werden. Hingegen stehen Stätten regionaler oder nationaler Bedeutung im Mittelpunkt einer »pere-grinação«. Glaube und Volksfrömmigkeit sind in Portugal eng mit dem Alltag verwo-ben, vor allem auf dem Land haben die Menschen eine sehr enge emotionale Bezie-hung zu ihren Dorfheiligen. Auch aus diesem Grund sind Feiertage noch Tage religiöser Feiern.

Im ganzen Land und speziell in Mittel- und Nord-portugal gehören Wallfahrten und die Namenstage der Heiligen zu den wichtigen und schönsten Fest-lichkeiten im Jahr. Votivstatuen der Jungfrau Maria und Andachtsstätten für die unterschiedlichsten Heiligen finden sich überall: direkt am Straßen-rand, in kleinen Kapellen zwischen den Feldern, in Dorfkirchlein oder würdigen Kathedralen. Das all-jährlich im September in Lamego begangene Fest zu Ehren der Nossa Senhora dos Remédios, der »Heilenden Jungfrau«, ist eine eigenwillige Mi-schung von *romaria* und *peregrinação*, während zur Basilika der Jungfrau von Fátima Gläubige aus der ganzen Welt wallfahren.

Ein Stadtfest: Lamego

Das Städtchen Lamego liegt am Südrand des Dou-ro-Tals inmitten von sanften Hügeln, wo die Trau-ben für den berühmten Portwein reifen. Auf der Spitze des mit 605 Metern höchsten Berges der Umgebung thront die Kirche Nossa Senhora dos Remédios. Direkt im Zentrum von Lamego beginnt eine monumentale, barocke Treppe aus Granit, de-ren Stufenbänder sich wie zwei Schlangen die stei-le Anhöhe hinaufwinden. Schon ihr Gesamtbild ist beeindruckend und nicht weniger der traditionelle blau-weiße Kachelschmuck *(azulejos)* mit der Dar-stellung religiöser Szenen. Urnen zieren die Balus-traden der Treppenabsätze, die den Pilgern Gele-genheit zu einer kurzen Rast bieten. Einige von ihnen mühen sich auf Knien die zahlreichen Stufen hinauf, gestützt von Angehörigen oder Freunden. In das leise Murmeln ihrer Gebete mischt sich nicht selten ein unterdrücktes Stöhnen, besonders wenn die Pilger nicht einmal Knieschoner tragen.

Am Tag der Prozession, dem 8. September, aber ebenso in den Wochen vorher und danach herrscht in Lamego Feierstimmung. Zugleich wird man un-ablässig daran erinnert, dass sich die Menschen, die hierher kommen, von der Jungfrau Heilung erhoffen: Amputierte und Kranke bitten an den Straßen um Gaben und Gebete der Pilger.

Zur Feier ihres Geburtstages wird die Statue der heiligen Maria die große Treppe hinuntergetragen und auf einen blumengeschmückten Wagen ge-stellt. Gläubige und neugierige Besucher füllen die Straßen entlang des Prozessionsweges, wo die Ein-wohner Fenstersimse und Balkone mit prächtigen Decken behängt haben. Auf einigen Wagen des Umzugs stellen Kinder Begebenheiten aus dem Leben der Gottesmutter dar. Tatsächlich ist eine päpstliche Genehmigung nötig, um Ochsen vor die Gefährte spannen zu können. Doch sicherlich sieht man selten prächtigere, gepflegtere und schöner geschmückte Zugtiere als diese.

Den Wagen folgen die Pilger, unter ihnen so manche, denen man vorher im Ort schon begegnet

Die Statue der Jungfrau der Verkündigung wird auf einem Ochsenkarren durch die Straßen von Lamego gefahren. An ihrem Ehrentag kommen Pilger aus dem gesamten Norden Portugals in die Stadt.

Vorsichtig und voller Ehrfurcht steigt eine alte Frau die Büßertreppe von Lamego hinunter. Schon in wenigen Minuten wird sie das bunte Markttreiben der Stadt in den lauten Alltag zurückholen.

war: der Mann, der sein Holzbein und seinen ver-
kümmerten Arm enthüllt hat, damit Pilger und Pas-
santen ihm einige Münzen zustecken, oder die alte
Frau, deren Gesicht strahlte, als sie in der Kapelle
den Ablasszettel bekam – ein Stück Papier, das ihr
versichert, dass ihre Zeit im Fegefeuer verkürzt
wird, weil sie die Wallfahrt am Ehrentag der Jungfrau unternommen hat.

Wenn die Prozession vorbei ist und die Nacht
hereinbricht, beginnen die bunten Feuerwerke.
Eine unübersehbare Zahl von selbst gemachten
Raketen erleuchtet den Himmel. La Virgen kehrt
in ihre Kirche zurück und in der Stadt eröffnen
knallende Korken die ausgelassenen Feiern, ist
doch Lamego auch bekannt für seinen feinen
Schaumwein.

Die Geheimnisse von Fátima

Haben das Fest von Lamego oder die *romarias* zu
zahllosen Kapellen eine weit längere Tradition, so
gewann der relativ junge Marienwallfahrtsort Fátima Bedeutung für die gesamte katholische Welt.
Auch in Zusammenhang mit dem Anschlag auf
Papst Johannes Paul II. Als dieser am 13. Mai 1981
vor den Augen einer großen Menge auf dem Petersplatz in Rom angeschossen wurde und verwundet zusammensank, kam ihm, wie er später
berichtete, das Wort »Madonna« über die Lippen.
Er dachte an die Mutter Jesu, vor allem an die Jungfrau von Fátima.

Selbst heute noch hat die Geschichte der portu-
giesischen Hirtenkinder Bestand. Jene *pastorinhos*
wollen eine Lichtgestalt sechs Mal gesehen haben,
erstmals am 13. Mai und ein letztes Mal am 13. Oktober 1917. Sie zeigte sich ihnen in einem Stech-

Die Kerzen der Pilger, die aus ganz Portugal gekommen
sind, um der Erscheinung der Jungfrau Maria im Jahr 1917
zu gedenken, erhellen die Nacht.

palmenstrauch in Cova da Iria nahe der Kleinstadt Fátima. Die Kinder Lúcia dos Santos, Francisco und Jacinta Marto waren zehn, neun und sieben Jahre alt, die Älteste will mit der heiligen Maria gesprochen und von ihr drei Geheimnisse erfahren haben sowie die Weissagung, dass nur eine von ihnen noch länger leben würde.

Bei der letzten Erscheinung kamen mehr als 70 000 Menschen zusammen und beobachteten, was später »das Sonnenwunder« genannt wurde: Die Sonne schien auf einmal zu tanzen, in einem wilden Zickzackkurs auf die Erde zu stürzen, um dann wieder ans Firmament zurückzukehren. Gleichzeitig erfüllte ein unwirkliches Licht den Himmel, von dem einige Blinde behaupteten, es habe sie geheilt.

Wie stark die Landbevölkerung an die Erscheinungen von Fátima glaubt, zeigt dieses Foto von 1949. Pilger knien in den steinigen Feldern, wo heute die Basilika steht.

Bald darauf erfüllten sich die Todesbotschaften. Die beiden jüngeren Geschwister wurden Opfer einer Grippeepidemie, die Europa heimsuchte. Sie liegen in der großen Basilika begraben, 1989 wurden sie selig gesprochen. Nur Lúcia überlebte und trat in das Karmeliterkloster von Coimbra ein.

Lange blieben die Visionen der drei Kinder ein Rätsel. Erst 1941 eröffnete Schwester Lúcia die Geheimnisse von Fátima ihrem Bischof. Das dritte sollte jedoch weitere 59 Jahre der Öffentlichkeit vorenthalten bleiben. Die Nonne berichtete damals:

Das erste Geheimnis ist eine Vision der Hölle. Die Jungfrau zeigte uns ein großes Flammenmeer, das

Immer wieder kniet diese Frau bei ihrem Rosen-
kranzgebet nieder, während sie sich langsam der
Stelle nähert, an der die Hirtenkinder die Erscheinungen der Jungfrau Maria gesehen haben wollen.

unter der Erde zu lodern schien. In dieses Feuer wurden Dämonen und Seelen in Menschengestalt geworfen, die wie durchscheinende brennende Kohlen aussahen, wie schwarze oder glänzende Bronzen, die in der Feuersbrunst schwammen, ... und überall Schreien und Stöhnen von Schmerz und Verzweiflung, dass wir vor Angst zitterten.

Dann schauten wir wieder die Jungfrau an, die zu uns freundlich, aber traurig sagte: »Der Krieg [der Erste Weltkrieg] wird zu Ende gehen, aber wenn die Menschen nicht aufhören, Gott zu beleidigen, wird im Pontifikat von Pius XI. ein noch schlimmerer Krieg ausbrechen. Wenn ihr die Nacht durch ein unbekanntes Licht erleuchtet seht, ist dies Gottes großes Zeichen, dass er die Welt für ihre Verbrechen bestraft durch Krieg, Hungersnöte und Verfolgungen der Kirche und des Heiligen Vaters. Um dies zu verhindern, werde ich kommen und Russland als Opfer für mein unbeflecktes Herz verlangen ...«

Das Bild der Hölle und die Worte der Frauengestalt werden als Voraussage des Zweiten Weltkriegs und des Atheismus in Russland interpretiert.

Im Sommer des Jahres 2000 wurde das dritte Geheimnis enthüllt, eine Weissagung, die mindestens zwei Päpste zuvor gelesen und vor der Allgemeinheit unter Verschluss gehalten hatten. 1941 hatte Schwester Lúcia dos Santos geschildert:

Wir sahen ein großes Licht, das Gott war, und wie das schemenhafte Spiegelbild eines Menschen – einen in Weiß gekleideten Bischof. Wir hatten den Eindruck, es sei der Heilige Vater. Andere Bischöfe, Priester, religiöse Männer und Frauen gingen einen steilen Berg hinauf, auf dessen Gipfel ein großes Kreuz aus grob behauenen Baumstämmen wie aus einer Korkeiche mit Rinde stand. Bevor er das Kreuz erreichte, ging der Heilige Vater durch eine große Stadt, die zur Hälfte in Ruinen lag. Aus Schmerz und Sorge zitterte er und betete für die Seelen der Toten, die er auf seinem Weg sah. Nachdem er den Gipfel des Berges erreicht hatte, kniete er unter dem Kreuz und wurde von einer Gruppe von Soldaten getötet, die Kugeln und Pfeile auf ihn abschossen, und auf dieselbe Art starben nacheinander die anderen Bischöfe, Priester, religiösen Männer und Frauen sowie Laien verschiedenster Ränge und Positionen. Unter den beiden Armen des Kreuzes schwebten zwei Engel, die in einem Kristallgefäß das Blut der Märtyrer auffingen und auf die Seelen sprengten, die sich auf dem Weg zu Gott befanden.

Diese der Apokalypse ähnliche Vision hat man letztlich als Voraussage des Mordversuchs auf den Papst 1981 interpretiert. Viele Fátima-Beobachter waren enttäuscht über den Inhalt des dritten Geheimnisses, da sie ein Datum für das Ende der Welt erhofft hatten. Trotzdem schockierte Lúcias spät enthüllte Aussage.

Christliches Heiligtum einer Nation

Nach dem Anschlag vom Mai 1981 sagte Papst Johannes Paul II., es sei »die Hand einer Mutter gewesen, die den Lauf der Kugeln gelenkt habe«, damit er »an der Schwelle des Todes« habe stehen bleiben können. Als der Bischof von Leiria-Fátima später nach Rom reiste, schenkte ihm der Papst die Kugel, die in sein Fahrzeug eingedrungen war, als Votivgabe für die Basilika. Juweliere haben sie in die Krone der Statue »Unserer Lieben Jungfrau von Fátima« eingearbeitet.

Das Marienheiligtum von Fátima wurde von zentraler Bedeutung für Portugals Selbstverständnis im 20. Jahrhundert. Der Bericht von der Erscheinung der Kinder kam zu einer Zeit, als die Regierung sich gegen die Kirche gerichtet hatte und einen Überschwang religiöser Gefühle fürchtete.

In den langen Jahren der faschistischen Diktatur von 1926 bis 1974 unter António de Oliveira Salazar und seinen Nachfolgern aber wurde die Jungfrau von Fátima zum höchsten Symbol des Staates erkoren, zur Schutzpatronin Portugals und ihre Kirche – »der Altar Portugals« – zum wichtigsten Pilgerziel, seit die Massen das »Sonnenwunder« beobachtet hatten.

1953 wurde eine riesige Basilika geweiht, der es, wie selbst Kirchenvertreter einräumen, an architektonischer Eleganz fehlt. Ebenso wie diese Pilgerkirche steht die Andachtskapelle mit der verehrten Statue an einem gigantischen Platz, der einer halben Million Pilger Raum bietet. In der Mehrzahl sind es Portugiesen, die sich am 13. Mai und 13. Oktober hier versammeln, um am Ort der Visionen zu beten. Zu den besonderen Traditionen gehört die Prozession zum Hochamt, bei der die Skulptur in die Basilika getragen wird und die Pilger ihr mit weißen Taschentüchern zuwinken.

Regelmäßig tauchen Berichte von Wundern auf, die bisher nie bestätigt wurden – ohne dass dadurch die tief verwurzelte Verehrung für die heilige Maria geschmälert würde. An den wichtigsten Feiertagen kommen zwanzig- bis dreißigtausend Pilger nach Fátima, einige davon wandern aus Buße barfuß durch die unwirtliche Landschaft. Trotzdem: Nicht weit entfernt von den Orten inniger Gebete hat der Kommerz die Oberhand gewonnen. Plastik- und Steinfiguren der Jungfrau konkurrieren in den grellsten Farben.

Seit die Diktatur in der »Nelkenrevolution« von 1974 gestürzt wurde, hat sich Portugal dramatisch verändert. Der Einfluss der Kirche nimmt ab, doch die Pilgerstätten erfreuen sich weiterhin großer Beliebtheit. Dabei verweben sich das Religiöse und das Profane: Feiern und Feiertage gehören in Portugal immer zusammen.

Das Meer der Kerzen steht für die Vielzahl der Gebete, die die Gläubigen von Fátima an Maria richten. Die große Verehrung von Papst Johannes Paul II. für die Jungfrau von Fátima gab dem Wallfahrtsort neuen Aufschwung.

Kleidung und Kopfbedeckung dieses Tänzers vor Mexikos Heiligtum für die Jungfrau von Guadalupe verbinden aztekische Elemente mit dem Katholizismus, den die Spanier ins Land brachten.

SIEBTE REISE

GUADALUPE

In tiefer Frömmigkeit verehren die
Mexikaner ihre Jungfrau von
Guadalupe, wie die vorspa-
nischen Kulturen des Landes
einer Erdgöttin huldigten.
Zugleich verbindet sich stolzer
Patriotismus mit den Wallfahr-
ten zu dem Marienheiligtum am
Nordrand von Mexiko-Stadt. Denn
seit den letzten fünf Jahrhunderten spielt
»La Virgen Morena«, die dunkelhäutige Madonna, eine
wichtige Rolle als Sinnbild der Eigenständigkeit Mexikos, ja ganz
Lateinamerikas und seiner Bewohner, auch wenn sie im Ausland leben.
Bis heute ist ihr Bild überall im mexikanischen Alltag präsent, ist ein
Spiegel der außergewöhnlichen Spiritualität der Menschen, in der sich
altmexikanische Lebens- und Jenseitsvorstellungen mit der Glaubenswelt
des Katholizismus vermischen.

Im November 1519 erreichte Hernan Cortés die aztekische Hauptstadt Tenochtitlán. Ihr Herrscher Moctezuma empfing den Spanier mit allen Ehren. Zwei Jahre später, am 13. August 1521, waren die Azteken unterworfen, die Spanier die Machthaber der Neuen Welt, die sie *Nueva España* nannten. Auf den Trümmern der Azteken-Metropole ließ Cortés die neue Hauptstadt errichten: *La Ciudad de México*.

Die Erscheinung von Tepeyac

1531 waren nur noch die Maya im Süden des heutigen Mexiko sowie in Guatemala eigenständig. Aber in jenem Jahr sollte ein Ereignis, auch wenn es eine Legende ist, die Menschen des Landes wie eine Nation neu formieren. Juan Diego, ein einfacher Mann aus dem indianischen Volk der Nahua,

war noch nicht lange getauft, als ihm eines Tages auf dem Weg zur Messe eine Stimme zurief und sich ihm eine Frauengestalt mit dunklem Antlitz zeigte. Der Legende nach geschah dies 1531 in Tepeyacac, das später als Tepeyac bekannt war und heute – am Nordrand von Mexiko-Stadt gelegen – Guadalupe heißt.

Die Erscheinung schickte Diego zum Bischof von Mexiko, Juan de Zumárraga, mit dem Auftrag, er solle zu ihren Ehren eine Kirche errichten. Der skeptische Würdenträger bestand auf einem Zeichen der Jungfrau. Tatsächlich erschien sie ein weiteres Mal und sagte zu Juan Diego, er solle einen

Manchmal gewinnt das Treiben vor der Basilika sehr indianische Züge, vor allem wenn am Abend vor dem 12. Dezember Pilger in aztekischen Kostümen wie zu Ehren einer vorspanischen Gottheit tanzen.

Das wundersame Abbild der Jungfrau von Guadalupe auf Juan Diegos Mantel hängt oberhalb der
mexikanischen Flagge in der Basilika am Rand
von Mexiko-Stadt.

In der riesigen neuen Basilika der Jungfrau von Guadalupe richten sich alle Augen auf das Wunderbild. Die Kirche ist eine der meistbesuchten christlichen Pilgerstätten der Welt.

Hügel hinaufsteigen, wo er, obwohl es Winter war, blühende Rosen finden würde. In seinem Umhang brachte er sie zum Bischof und ließ sie dort auf den Boden fallen. Weit mehr aber als die Blüten überzeugte den Bischof ein Abbild der Jungfrau, das sich plötzlich auf Juan Diegos Mantel befand.

Die Legende ist weit verbreitet. Historische Fakten sind allerdings erst ab etwa 1550 belegt und zwar bezüglich einer Kirche in Tepeyac, wo zu aztekischer Zeit ein Tempel für die jungfräuliche Erdgöttin Tonantzin den Hügel krönte. Das Marienbild wird erstmals 1606 erwähnt.

Die Geburt einer Nation

Legenden wie die des Juan Diego kannte man auch aus Europa, aber erstmals rankte sich eine Geschichte um einen Indianer. Wurde die mexikanische Nation nicht 1531 geboren, dann sicherlich 1648, als die Legende in Mexiko-Stadt zunächst in Spanisch gedruckt wurde. Im Jahr darauf übersetzte sie Luís Laso de la Vega ins Nahuatl, eine der indianischen Hauptsprachen im Zentralen Hochland von Mexiko. Das Buch wurde unter dem Titel *Nican mophua* bekannt. Die Veröffentlichung sollte die beiden wichtigsten Bevölkerungsgruppen ansprechen: die Indianer und die spanischstämmigen, aber in Mexiko geborenen *criollos* (Kreolen). Und deren Reaktion war, entgegen dem indianischen Schweigen, unmittelbar und stark.

Die *criollos* fühlten sich von Verwaltern und Beamten aus Spanien als Menschen zweiter Klasse verachtet und unterdrückt. Damals fingen sie an, sich *americanos* zu nennen und eine starke Gruppenidentität zu entwickeln, zu deren Symbolfigur die Jungfrau von Tepeyac wurde. Nach einem Kloster in der Estremadura, dem nach Santiago de Compostela zweitgrößten Wallfahrtsort in Spanien, wo eine dunkle Marienstatue mit Kind verehrt wird, nannte man sie ab der Mitte des 16. Jahrhunderts

»La Virgen de Guadalupe«. Ungeachtet ihres Ursprungs wirkte die Legende der mexikanischen Jungfrau wie ein Feuer, das unter den Kreolen das Streben nach Selbstbestimmung zum Brodeln brachte und letztlich auch die Mestizen und die Indianer für den mexikanischen Weg gewann. Der Schwur auf die Madonna wurde zur machtvollsten Waffe der Unabhängigkeitskämpfer.

Mexikanischer Nationalismus

Seit Mitte des 17. Jahrhunderts verbreitete sich die Verehrung für die Jungfrau von Guadalupe in ganz Mexiko und allen Spanisch sprechenden Ländern westlich des Atlantiks. Obwohl Maria nur einem einfachen Nahua erschienen war, sahen die Menschen dies als ein Zeichen des göttlichen Wohlwollens für ihr Land. Diese Idee einer mexikanischen Vision manifestierte sich derart stark, dass ein Jahrhundert später Papst Benedikt XIV., den Psalm 147 zitierend, bemerkte: »Er hat keiner anderen Nation Gleiches getan.«

Zu dieser Zeit war die nationale Bewegung noch keine indianische, sondern die der *americanos*. Der Nahua Juan Diego wurde kaum noch erwähnt. Erst die Missionare des 18. Jahrhunderts rückten ihn wieder in den Vordergrund, um eine Brücke zur indianischen Bevölkerung zu schaffen und die Marienlegende weiter zu verbreiten.

Damals wurde die Jungfrau von Guadalupe zum Symbol einer eigenständigen Nation. Mexiko, sagten die Leute, wurde in Tepeyac geboren. Das Bild der *Virgen* im Strahlenkranz fand sich 1810 auf den Bannern der Revolutionstruppen von Miguel Hidalgo wieder. Seine Männer gelobten ihr ein langes Leben – und Tod den Spaniern. Was folgte, war ein »Krieg rivalisierender Madonnen«, denn die Royalisten und Spanier erwählten sich als Patronin *La Virgen de los Remédios*, die als *La Conquistadora*, »die Eroberin«, bekannt war und der die Eroberer

»Unsere Jungfrau des Campingwagens«. Bei den vorherrschenden Unfallraten und der Fahrweise brauchen die Besitzer offensichtlich allen verfügbaren himmlischen Beistand.

die allerersten Kirchen in Mexiko gewidmet hatten. Royalistische Soldaten »exekutierten« sogar eine Darstellung der Heiligen von Guadalupe im Kugelhagel. Doch als Mexiko 1821 die Unabhängigkeit von Spanien erkämpft hatte, erhob es die Jungfrau von Guadalupe zum nationalen Symbol der Befreiung.

Die Jungfrau der Wunder

Erstmals sprach man im 17. Jahrhundert von Wundern der Virgen de Guadalupe. Damals erflehten die Menschen ihre Hilfe gegen die verheerenden Überschwemmungen von 1629 und brachten das Marienbild nach Mexiko-Stadt, wo es, so die Berichte, den Wassermassen Einhalt gebot. Auch während der Epidemie von 1736/37 schienen die Gebete zur Madonna erhört zu werden, sodass man in sie alle Hoffnungen setzte, wenn andere Heilige längst »versagt« hatten. Dennoch tat sich die katholische Kirche schwer, den Kult von Guadalupe anzuerkennen. Ein Feiertag wurde 1754 eingeführt, mit dem päpstlichen Segen ihre Krönung 1895 vollzogen und die Jungfrau 1910 zur Patronin ganz Lateinamerikas ausgerufen.

1945 verlieh man ihr den Titel Königin von Mexiko und Kaiserin von Nord- und Südamerika. Die Kurie aber war nach wie vor skeptisch. »Entsprechend der Tradition«, so die Rede von Papst Pius XII., hätten »Kräfte nicht von dieser Welt ein sehr wertvolles Abbild auf dem Mantel des armen Juan Diego hinterlassen«. Der Nahua-Indianer wurde im Jahr 1990 selig gesprochen.

Der Schatz der Basilika

Die Basilika von Guadalupe, rund sechs Kilometer nördlich des Zentrums von Mexiko-Stadt gelegen, erreicht man heute einfach per Metro – Haltestelle »Basílica«. Die alte Andachtskirche, *La Colegiata*, wurde nach 14 Jahren Bauzeit 1709 fertig gestellt und danach mehrfach erweitert. Dennoch blieb sie immer zu klein für die ständig wachsende Zahl von Pilgern, sodass man Mitte des 20. Jahrhunderts neu plante. Die 1976 geweihte Megabasilika grenzt an einen gigantischen Platz von 46 000 Quadratmetern, um den sich sechs weitere Kirchen gruppieren. Mit rund 20 Millionen Pilgern und Besuchern pro Jahr ist Guadalupe nach dem Petersdom in Rom die meistbesuchte Kirche der Welt. In ganz Lateinamerika wird *La Virgen de Guadalupe* verehrt, doch die meisten Pilger kommen aus Mexiko – Menschen jeden Alters und aus allen Schichten der Gesellschaft. Viele Mexikaner haben sogar in ihrem Garten einen kleinen Altar. Trotzdem bleibt die Wallfahrt zur Basilika ein einzigartiges Erlebnis.

Die Gläubigen ziehen zu Fuß zur Basilika, wer Buße tun will, folgt der Prozessionsstraße auf Knien, viele sprechen Gebete und singen Lieder. Größere Gruppen schwenken Banner, haben Trommeln und andere Instrumente dabei. Einige Pilger hoffen auf eine Wunderheilung, die meisten allerdings bewegt eine tiefe Frömmigkeit und die Ehrfurcht vor dem wundersamen Mantelbild. Die Kirche selbst kann zehntausend Menschen aufnehmen, auf einem Rollband werden sie unterhalb des Marienbildes vorbeigefahren – mit genügend Zeit zur Betrachtung, nur verweilen kann niemand.

Das Bild ihrer Verehrung hat bisher allen Anzweiflungen hinsichtlich seines Ursprungs widerstanden. Es zeigt eine augenscheinlich schwangere junge Frau mit dunklem Hautton, die umgeben ist von einem sonnenhellen Strahlenkranz und einen blauen Mantel mit Sternen darauf trägt. Sie steht auf einer Mondsichel, die von einem Engel gehalten wird. Obwohl es auf ein grobes Gewebe aus Agave-Fasern gemalt ist, verliert das Bild dadurch nicht im Geringsten an Ausstrahlungskraft, die Farben sind hell und klar. An einigen Stellen ist deutlich, dass von Menschenhand Einzelheiten hinzugefügt oder verändert wurden, auch um der Frau ein stärker indianisches Aussehen zu verleihen. Andere Bildpartien, vor allem die Mitte, lassen sich in ihrer Entstehung nicht erklären. Wissenschaftliche Untersuchungen haben zudem ergeben, dass in die Augen der Madonna winzige Personen gemalt sind, die man als Juan Diego und Bischof de Zumárraga identifizierte.

Sollte die Jungfrau von Guadalupe tatsächlich eine »Fälschung« sein, so führt sie immerhin, wie auch das Grabtuch von Turin, die Wissenschaft in die Irre. Selbst mit der Erfahrung von 400 Jahren und modernen Methoden kann sie nicht erklären, wie die Farben auf den Geweben entstanden sind.

Die Jungfrau von Mexiko

Keinem Besucher von Tepeyac wird die unglaubliche Hingabe der Pilger in ihrer Verehrung für die Jungfrau von Guadalupe entgehen, für ihre Jungfrau, die Patronin Mexikos. Hispanische und indianische Traditionen verschmelzen hier miteinander zum Kult eines ganzen Volkes. Mexikos höchster kirchlicher Feiertag ist der 12. Dezember, der Festtag der Erscheinung. In der Nacht davor tanzen und musizieren indianische Gruppen, teils in aztekischen Kostümen vor der Basilika, und im ganzen Land zünden Mexikaner Freudenfeuer an. Die Vorstellung, zu einem erwählten Volk zu gehören, steht allerdings im Widerspruch zum Alltag. Der mexikanische Schriftsteller Octavio Paz schrieb einst voller Ernüchterung: »Nach mehr als 200 Jahren des Strebens nach Freiheit und vielen Niederlagen glauben Mexikaner nur noch an die Jungfrau von Guadalupe und an die Nationale Lotterie.«

Gebet im Felsendom am Eid al-Fitr, dem letzten Tag des muslimischen Fastenmonats Ramadan. Wie die meisten Stätten in Jerusalem, so wird dieser Ort auch von Juden und Christen verehrt.

ACHTE REISE

JERUSALEM

Zu den meisten heiligen Stätten pilgern Menschen
einer bestimmten Religion oder aus bestimmten Gegenden. Jerusalem hingegen ist das
Ziel von Gläubigen aus
aller Welt und mit den
unterschiedlichsten kul-
turellen Traditionen. Es ist
jener Ort, den die drei großen
Buchreligionen gemeinsam haben. Manchmal, vor allem während
der wichtigen religiösen Feste, geraten diese Traditionen in offenen Konflikt. Zwischen christlichen Gruppen
bricht Streit aus, Juden aus Israel wenden sich gegen
arabische Muslime, orthodoxe Juden greifen die Ver-
treter eines liberaleren
Judentums an ... Span-
nungen werden greifbar.

Eine Kerze, um das Licht der Welt zu begrüßen. Die Flamme, die die Auferstehung
Christi symbolisiert, wird in der Grabeskirche in der Osternacht von einer Kerze
zur nächsten weitergegeben.

SYRIEN
Beirut
LIBANON
Damaskus
Haifa
Tel Aviv
Jerusalem
ISRAEL
ÄGYPTEN
JORDANIEN
Suez
SAUDI-ARABIEN

Das Bemerkenswerteste an Jerusalem ist, dass über ein Jahrtausend lang, trotz all der Vertreibungen, Kriege und Kreuzzüge, der Glaubenskämpfe und verhärteten politischen Positionen, die Pilger die meiste Zeit über in friedlichem Nebeneinander lebten – und dass die Stadt überlebte.

Das Zentrum der Welt

Betrachten wir uns moderne Karten, so sind sie meist nach Norden ausgerichtet oder eine kleine Markierung zeigt, wo Norden ist. Dennoch sprechen wir von »Orientierung«, suchen im eigentlichen Wortsinn den Orient, den Osten. Dort lag Jerusalem. So zeigt etwa die in Hereford Cathedral in England aufbewahrte *Mappa Mundi* aus dem 13. Jahrhundert eine Welt, deren Zentrum Jerusalem ist. Seit langer Zeit ist es als die große heilige Stadt das Herz der christlichen, jüdischen und muslimischen Tradition. Christen verehren es als Ort, an dem Jesus gekreuzigt wurde und auferstanden ist und von wo aus seine Jünger die neue Glaubenslehre verbreiteten. Die Juden kamen in die Stadt, um den Großen Tempel zu besuchen (bis die Römer ihn im Jahr 70 zerstörten). Denn im Tempel befand sich die Bundeslade, das Symbol für Gottes Vertrag mit dem Auserwählten Volk. Und für Muslime ist Jerusalem gleichfalls ein besonderer Ort, weil von dem Felsen, auf dem der Große Tempel stand, Engel den Propheten Mohammed in den Himmel erhoben, aus dem er später zurückkehrte.

In Jerusalem gibt es keine festgelegten Rituale, wie sie etwa in Mekka existieren oder wie man in

Panorama der heiligen, aber geteilten Stadt Jerusalem in ihren alten Mauern. Auf der linken Seite ist die vergoldete Kuppel der Moschee zu erkennen, die auf dem einst jüdischen Tempelberg errichtet wurde.

Rom gewisse Kirchen und Heiligengräber in einer bestimmten Reihenfolge besucht. Hier besuchen die Pilger zu verschiedenen Zeiten verschiedene Stätten und vollziehen die unterschiedlichsten Zeremonien. Immer herrscht Bewegung im Strom der Menschen, mischen sich die Klänge der vielen Sprachen und religiösen Kulthandlungen, werden jeden Tag aufs Neue Glaubensrichtungen und Traditionen miteinander konfrontiert.

Jerusalem ist nicht eine heilige Stadt, sondern eine Vielfalt heiliger Stätten, zusammengefasst an einem geographischen Ort. Jede Glaubensrichtung hat ihre individuelle Vorstellung, ihr Bild vom Wesen der Stadt und deren Rolle innerhalb der Religion. Und es ist erstaunlich, dass eine Pilgerreise nach Jerusalem für gewöhnlich den jeweils eigenen Blick noch untermauert – trotz aller persönlichen Erfahrungen und der Konfrontation mit anderen Meinungen.

Unterschiedliche Traditionen

Der Garten, in dem Jesus seine letzte Nacht verbrachte, sein Weg zur Kreuzigung, die Kirche an der Stelle, an der er begraben wurde, die Plätze, an denen er predigte oder Wunder wirkte ... Für Christen bietet sich in Jerusalem und seiner Umgebung die einzigartige Möglichkeit, jene Orte zu erleben, die auch für die Prägung ihres Glaubens von zentraler Bedeutung waren. Sich dort aufzuhalten und dort zu gehen, wo sich Jesus einst aufhielt, war immer der wichtigste Teil einer Wallfahrt nach Jerusalem.

Nach der orthodoxen christlichen Tradition sind Kirchenwände mit Bildern von Christus, seiner Mutter und den Heiligen geschmückt, sodass die Gläubigen zwischen ihnen stehen »wie im Paradies«. Eine Ikone gleicht einem Fenster zum Erhabenen. Der Besuch eines Gotteshauses ist vor allem für die Älteren – und sie machen die Mehr-

heit der orthodoxen Pilger aus – eine vorsichtige Annäherung an das ewige Leben. In der westlichen Kirchenlehre wird das Heilige stärker auf die Welt bezogen. Den Gläubigen werden Modelle für ihr Verhalten nach dem Willen Gottes vorgegeben. Religiöse Kunst soll erziehend wirken und die Schriften sollen den Einzelnen zum Handeln anleiten. In der protestantischen Tradition sind die Heiligen Schriften (religiöse Texte und vor allem die Bibel) von besonderer Bedeutung. Deshalb besuchen Protestanten nicht unbedingt dieselben Orte wie andere Christen, sie legen größeren Wert auf das persönliche Zwiegespräch mit Gott oder auf Lesungen als auf formale Gottesdienste und eine »Pflichttour« zu heiligen Orten.

Nie verlöschen die Kerzen in der Jerusalemer Grabeskirche, die am Ort der Kreuzigung und des Grabes von Jesus errichtet wurde.

Griechisch-orthodoxe Pilger

Die Anhänger der griechisch-orthodoxen Kirche entscheiden sich meist erst im hohen Alter zur Pilgerfahrt nach Jerusalem, um sich auf einen friedlichen Tod und die Aufnahme ins Paradies vorzubereiten. Während der Reise werden sie auch im Jordan erneut getauft. Dabei tragen sie weiße Leichentücher, die sie vorher in Jerusalem kaufen und für ihre Beerdigung aufbewahren.

Die Teilnahme an heiligen Festen ist ihnen von großer Wichtigkeit. Während der Karwoche, in der

Auf den Spuren Christi. Pilger tragen Palmzweige und singen Lobpreisungen, wenn sie zu Beginn der Karwoche, am Palmsonntag, den Wegen Jesu in Jerusalem folgen.

sie des Leidens Christi, seines Todes und der Auferstehung gedenken, zu Mariä Himmelfahrt und zur Kreuzerhöhung (14. September) wird Jerusalem von älteren griechischen Pilgern geradezu überschwemmt.

Es ist eine glückliche Fügung für die Versorgung der Stadt, dass sich die Termine der griechisch-orthodoxen Feste noch nach dem julianischen Kalender richten. Höhepunkt zu Ostern ist die Zeremonie des Heiligen Feuers, bei der die Menschen, zusammengepfercht in der Grabeskirche, im Dunkeln auf den Augenblick der Auferstehung warten. Brennende Kerzen gehen von Hand zu Hand, die Kirche ist von flackerndem Kerzenlicht erfüllt, und die Pilger singen das *Christós Anésti*:

Christus ist erstanden von den Toten,
durch den Tod besiegt er den Tod
und verleiht den Toten neues Leben.

Katholische Pilger

Für Katholiken, die meist in organisierten Gruppen nach Jerusalem reisen, ist die Gemeinschaftserfahrung bei großen Festen weniger wichtig. Sie wollen ihren Glauben erneuern, indem sie den Spuren Jesu folgen und seine Botschaft im Heiligen Land hören. Oft erlebt man überraschende Berührungspunkte zu anderen Glaubensgemeinschaften: In der Moschee, die über dem Ort erbaut wurde, von dem Jesus in den Himmel aufgefahren sein soll, werden Rosenkränze gebetet. Oder katholische, griechisch-orthodoxe und protestantische Pilger begegnen sich auf der Via Dolorosa, jener Straße, die Jesus auf dem Weg zur Kreuzigung gegangen sein soll.

Am Ende dieser Straße verdichtet sich der Strom der Pilger bei der Grabeskirche, in der das Nebeneinander mehrerer Glaubensgemeinschaften am meisten auffällt. Ein Teil des Baumaterials soll noch auf die ursprüngliche Kirche zurück-

gehen, die der römische Kaiser Konstantin im Jahr 325 errichten ließ. Doch sämtliche Richtungen der nicht-protestantischen Christenheit haben sich bis zum heutigen Tag hier architektonisch verewigt, bis hin zu den äthiopisch-koptischen Mönchen, die in Steinhütten auf den flachen Dächern leben, weil sie von den anderen Gläubigen aus der eigentlichen Kirche verbannt wurden.

Unter dem so genannten Status Quo von 1852, einem noch gültigen osmanischen Dekret, wurden die schlimmen Auseinandersetzungen zwischen den christlichen Fraktionen beigelegt. Die Verantwortung über die Kirche wurde Armeniern, Griechen, Katholiken, Äthiopiern, Syrern und Kopten übertragen. Einige Bereiche der Kirche werden gemeinsam verwaltet, andere von jeweils einer Glaubensrichtung. Golgatha, der Ort der Kreuzigung, ist zwischen Griechisch-Orthodoxen und Katholiken aufgeteilt, das Grab Jesu zwischen diesen beiden sowie Armeniern und Kopten. Die Syrer unterhalten eine Kapelle im hinteren Teil der Rotunde. Den Schlüssel zu dieser wertvollen Kirche bewahrt übrigens ein Muslim auf, der sie jeden Morgen mit einer kleinen Zeremonie öffnet.

Protestantische Pilger

Die meisten Protestanten halten sich von den viel besuchten Stätten der Orthodoxen und Katholiken fern. Für sie sind Pilgerreisen mehr eine Metapher des Lebensweges wie in John Bunyans Erbauungsbuch *The Pilgrim's Progress* aus dem Jahr 1678. Erst Mitte des 19. Jahrhunderts wurde der Besuch von Jerusalem unter Protestanten beliebter, was auch mit den organisierten Reisen von Thomas Cook und der Öffnung des Suezkanals zusammenhing. Die Heilige Stadt und das Heilige Land mögen inspirierend sein, doch die wahre Inspiration liegt in der direkten Erfahrung von Gott, die nicht verstellt ist durch große Kirchenbauten, die vor allem zwei

Jahrtausende Herrschaft der katholischen oder orthodoxen Kirche repräsentieren.

Der wichtigste Ort für Protestanten ist das Gartengrab, das lange als wahres Grab Jesu galt und direkt außerhalb der Stadtmauer liegt. Einige streng gläubige Protestanten kommen hierher, weil sie Jerusalem wieder als rein jüdische Stadt etabliert sehen wollen, damit sie sich auf den Tag des Jüngsten Gerichts vorbereiten kann.

Jüdische Pilger

Die Pilgerfahrt aus den israelischen und palästinensischen Gebieten nach Jerusalem gehört zu den alten Traditionen des Judentums. Dreimal im Jahr reisten die Menschen oft von weit her, um die wichtigsten Feste zu begehen: *Passah*, *Schawuot* und *Sukkot*, das Laubhüttenfest. Später kam noch das Lichterfest *Hanukkah* hinzu. Zum Laubhüttenfest richten sich die Juden zum Beispiel nach folgenden göttlichen Anweisungen: »*... wohnt in Hütten ... damit eure Generation weiß, dass ich das Volk Israel in Hütten wohnen ließ, nachdem ich es aus dem Land Ägypten geführt hatte.*«

Das hebräische Wort für Pilgerfest lautet *hag* und ist damit wohl mit dem muslimischen *haj* (Hadsch) verwandt. Es impliziert eine Bewegung im Kreis sowie Tänze, die die Pilger von alters her auch pflegten.

Eine Jerusalemreise zeichnete den wahren Gläubigen aus. Die jüdischen Gesetzestafeln, die Moses von Gott erhalten hatte, befanden sich in der Bundeslade. Im Tempel des Salomon, Davids Sohn, wurde sie aufbewahrt. Die frühen nomadischen Juden hatten sie bei ihrem Zug durch die Wüste mitgeführt, bevor sie einen sicheren Platz in

Jüdische Pilger an der Klagemauer beim traditionellen Laubhüttenfest. Sie tragen den *tallit,* einen Gebetsschal, sowie Speere aus Pflanzenmaterial, zum Beispiel dem Holz von Oliven- oder Myrtenbäumen, Pinien und Palmen.

Allein die Westwand, heute Klagemauer genannt, blieb vom großen jüdischen Tempel erhalten, nachdem er im Jahr 70 zerstört wurde. Sie wird überragt von der Kuppel des 600 Jahre später errichteten Felsendoms, der zu den heiligsten Stätten des Islam gehört.

Jerusalem fand. Nachdem Titus im Jahr 70 nach Christus den Tempel hatte niederreißen lassen, zerstreuten sich die Juden in alle Welt.

Mehr als 1800 Jahre sollten vergehen, bis sie wieder eine Heimat im Heiligen Land fanden und den Staat Israel errichten konnten. Über die vielen Jahrhunderte war das Verlangen, nach Jerusalem zu pilgern, ein wichtiger Aspekt des Judentums gewesen. »Nächstes Jahr in Jerusalem« lautete in den langen Jahren der Diaspora, als nur wenige

Juden Zugang zu den Heiligen Stätten hatten, der Bittruf des Passah-Festes.

Im 19. Jahrhundert begann die erneute jüdische Besiedlung von Jerusalem und seiner Umgebung, als die Stadt sich vielfältigen Einflüssen öffnete. Mit der Gründung des Staates Israel im Jahr 1947 und der Eroberung der vorher geteilten Stadt im Sechs-Tage-Krieg von 1967 wurde sie erneut jüdisch. Und von allen Gruppierungen des Judaismus werden die Stätten des alten Jerusalem als Heiligtümer bewahrt.

Der Tempel, den Christus kannte, war der dritte Tempel, von Herodes dem Großen erbaut und später von Titus zerstört. Man nimmt an, dass die Klagemauer ein Teil seiner Westmauer ist. Jeden Tag stehen Juden dort und beklagen ihre Verluste und das Exil, stecken Papierstückchen, auf die sie Gebete geschrieben haben, in die Ritzen zwischen den Steinen. Denn sie verloren den Ort des Tempels nicht nur an die Römer, sondern später auch an den Islam, die dritte große monotheistische Religion, die in dieser Gegend entstanden ist.

Muslimische Pilger

Der herrlich von einer vergoldeten Kuppel gekrönte Felsendom, der im späten 7. Jahrhundert auf dem Tempelberg errichtet wurde, versinnbildlicht die muslimische Vorstellung von der engen Verbindung zum Judentum – ist aber für die Juden signifikantes Beispiel für den Verlust einer großen heiligen Stätte. Dies war die Stelle, an der nach der Bibel Abraham seinen Sohn Isaak opfern sollte, bevor dieser von göttlicher Hand gerettet wurde.

Kreis und Achteck zitieren architektonisch die wichtigste christliche Stätte, die Grabeskirche. Doch die große Moschee wurde errichtet, weil Mohammed an dieser Stelle von Engeln in den Himmel erhoben und dann sicher zurückgebracht wurde. Daher ist der Ort Muslimen fast so heilig

Luftbild des muslimischen Felsendoms und der Al-Aqsa-Moschee, Symbole der Kontinuität und der Teilung Jerusalems. Zahllose Gläubige versammeln sich hier am letzten Freitag des Ramadan.

wie Mekka und empfängt gleichermaßen große Mengen von Pilgern und Spenden. Nachdem Jerusalem im Sechs-Tage-Krieg erobert worden war, blieb der Felsendom ein Symbol der Jahrhunderte andauernden islamischen Kontrolle über die Stadt und, seit in Zeiten politischer Spannungen Muslimen der Zugang verweigert wird, ein Brennpunkt palästinensischer Opposition.

Verwurzelt in der Vergangenheit

Schon in der frühen Zeit des Christentums war der Drang der Gläubigen groß, die im Neuen und Alten Testament erwähnten Orte zu besuchen. Als Kaiser Konstantin im Jahr 313 das Christentum zur Staatsreligion erklärte, stand schließlich auch Jerusalem den Christen offen.

Doch über die Jahrhunderte war Palästina häufig eine Region von Konflikten und Kriegen, sodass Pilgerreisen viele Gefahren bargen und zu Wasser wie zu Land sehr lange dauerten. Das Heilige Grab wurde 614 von den Persern in Brand gesetzt, im Jahr 638 bemächtigten sich islamische Truppen der Stadt, und 1009 wurde die Grabeskirche auf Anordnung eines Kalifen endgültig zerstört. Danach duldeten die muslimischen Potentaten von Jerusalem zwar in einem gewissen Rahmen die Besuche von Christen an den Heiligen Stätten, und der Herrscher von Konstantinopel durfte 1048 sogar einen Teil der Grabeskirche wieder errichten.

Doch die Situation änderte sich schlagartig mit den Kreuzzügen. Im Jahr 1095 rief der militante Papst Urban II. dazu auf, die Heiligen Stätten den Muslimen zu entreißen. Dies führte zum ersten Kreuzzug, bei dem 1099 nach einem entsetzlichen Blutvergießen Jerusalem erobert und das christliche Königreich von Jerusalem errichtet wurde.

Auch die Kreuzzüge galten als Pilgerfahrten und die religiösen Ritterorden, Templer und Johanniter, sahen sich als pilgernde Krieger. Große Festungsanlagen wie Krak des Chevaliers (Qalat al Hosn in Syrien) sicherten die Wege der Pilger und Ritter. Damals wurde die Grabeskirche in ihrer heutigen Form neu errichtet.

Saladin eroberte Jerusalem im Jahr 1187 für den Islam zurück, woraufhin die Stadt bis ins 20. Jahrhundert unter muslimischer Herrschaft blieb. Christliche Pilgerreisen fanden weiterhin statt, waren jedoch mit großen Entbehrungen verbunden. Ein Wagnis war im Mittelalter schon die für gewöhnlich stürmische Passage von Venedig nach Jaffa (Haifa). 1413 reiste so auch die Engländerin Margery Kempe, die sich, in der dritten Person schreibend, erinnerte: ... *Sie dankte Gott aus ganzem Herzen und betete dafür, dass er die Gnade haben möge, sie so wie er sie in dieses irdische Jerusalem geführt hatte, auch in das himmlische Jerusalem zu führen.*

Während andere mittelalterliche Pilgerziele aufblühten, vor allem Rom und in Nordspanien Santiago de Compostela, verlor Jerusalem an Bedeutung. Erst im 19. Jahrhundert, als der Orient wie auch archäologische Forschungen populärer wurden, entdeckten Reisende das Geheimnisvolle und Anziehende an Jerusalem wieder.

Die enorme Kraft des Zionismus, Basis für die Errichtung eines jüdischen Staates, brachte die Juden zurück in den »Schmelztiegel« Jerusalem und in direkten Konflikt mit ihren palästinensischen Nachbarn.

Die Unruhen, die ewigen Dispute, der extreme Kommerz und die widersprüchlichen Glaubenswelten müssten eigentlich Jerusalems Anziehungskraft verringern. Doch verleihen gerade diese Aspekte der Stadt ihre Lebendigkeit und ihr eigenwilliges Gepräge. Zeit, Raum und Religion sind in dieser irdischen Stadt keine starren Dogmen, sondern immer im Wandel begriffen, sodass sie von vielen Pilgern als Abbild des himmlischen Jerusalem empfunden wird.

Mittelalterliche Darstellung des mühevollen Weges
nach Jerusalem aus christlich abendländischer
Sicht. Die Jahrhunderte religiöser Konflikte haben
im Stadtbild jedoch ihre Spuren hinterlassen.

Tagesanbruch am Adam's Peak, einem der Pilger-
orte im Süden Sri Lankas, zu dem es Buddhisten,
Hindus, Muslime und Christen gleichermaßen
zieht. Sie erlangen geistige Erfüllung, wenn sie
den Berg und Kataragamas Tempel besuchen.

NEUNTE REISE

KATARAGAMA
und
ADAM'S PEAK

Auf Sri Lanka, das nach der alten Bezeichnung der arabischen Seefahrer lange »Island of Serendipity« hieß, pilgern die Anhänger verschiedener Religionen in die Stadt Kataragama und zum Adam's Peak. Buddhisten, Hindus, Muslime, Christen und Animisten vollziehen dort ihre religiösen Rituale.

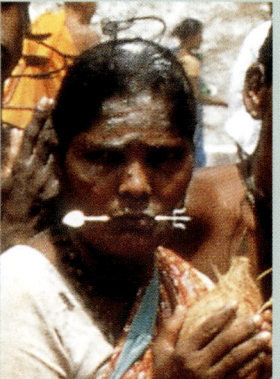

INDIEN

WESTGHATS

KERALA

Mangalore

Bangalore

Mysore

Madras

Madurai

Jaffna

SRI LANKA

Colombo

Kandy

Adam's Peak

Kataragama

Der Speer durch die Wangen dieser tamilischen Frau ist ein Zeichen dafür, dass sie ein Gelübde abgelegt hat.

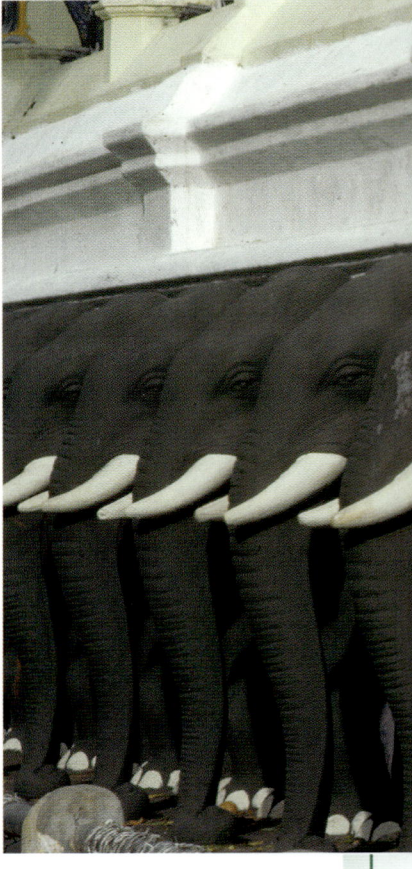

Als imposanter, 2500 Meter hoher Kegel ragt der Adam's Peak 75 Kilometer östlich von Colombo auf. Dort treffen Pilger vier verschiedener Glaubensrichtungen aufeinander. Manche nehmen den ersten Teil des Wegs auf einem Ochsenwagen oder motorisiert in Angriff, doch dann folgen mühevolle Stunden des Aufstiegs zu Fuß. Unterwegs versorgen Erfrischungsstände die erschöpften Pilger. Auf dem Gipfel empfängt sie ein ummauertes Areal mit einigen kleinen Gebäuden und einem flachen Felsen. Eine Eintiefung auf dem Stein sieht aus wie ein Fußabdruck. Er ist das Ziel des Pilgerwegs.

Eine Gruppe hinduistischer Pilger aus dem Norden der Insel – heute eine Minderheit in Sri Lanka – betet in Kataragama für den Segen von Skanda-Murukan, Shivas Sohn.

Interpretationen

Im Buddhismus ist dieser Fels der Ort des Heiligen Fußabdrucks, denn hier soll Buddha gestanden haben, um seinen Schülern den Weg zur Erleuchtung zu weisen. Für die Hindus hinterließ Shiva den Abdruck, der hier am Anfang der Welt seinen Schöpfungstanz ausgeführt haben soll. Muslime glauben, dass Adam an dieser Stelle zum ersten Mal

Während lebende Elefanten eine wichtige Rolle bei den buddhistischen Zeremonien in Kataragama spielen, gehören diese in Stein gearbeiteten zum Tempelschmuck.

seinen Fuß auf die Erde gesetzt hat. Nach christlicher Interpretation hat der Apostel Thomas hier seine Spur hinterlassen, als er in Südindien predigte. Die Pilger dieser Religionen kommen alle in den letzten Monaten des Jahres zum Adam's Peak.

Östlich des Berges liegt ein gleichermaßen verehrter wie historischer Ort: Kataragama. Im Juli und August treffen hier Hindus, Muslime, Christen und Buddhisten sowie Anhänger von New-Age-Sekten ein. Kataragama wird assoziiert mit dem Hindugott Skanda-Murukan, in dessen Tempel Anhänger mehrerer Glaubensrichtungen beten und opfern. Knapp zwei Kilometer entfernt markiert ein Heiligtum jene Stelle, an der Buddha meditiert haben soll. Ferner entstand eine Moschee zu Ehren des Sufi-Heiligen *al-Khizr*. So sind viele Namen bemüht worden, um die ursprüngliche Gottheit von Kataragama zu beschreiben, deren Feste in mehreren Sprachen – Sanskrit und Tamil für Hindus, Pali und Sinhala für Buddhisten – begangen werden.

Das hinduistische Kataragama

Unter allen Pilgerreisen nach Kataragama ist die geheimnisvollste auch die zweifellos älteste. Die *Pada Yatra* (Fußreise) beginnt traditionell hoch im Norden der Insel und endet – bis zu zwei Monate später und mehrere hundert Kilometer entfernt – in Kataragama im Dschungel des Südostens. Die auf der Insel beheimateten Waldbewohner, die Wanniya oder Vedda, haben sie schon unternommen, als die großen Religionen auf Sri Lanka noch nicht verbreitet waren. Hunger und Durst, stechende Sonne und strömenden Regen erduldend, durchqueren die Menschen barfuß den gefährlichen Urwald. Manche starben schon unterwegs, doch dieser Tod wurde als Auszeichnung verstanden, für die viele gebetet haben.

Die Pilger reisen meist in Gruppen, die von einem *Vel Swami* angeführt werden, so genannt, weil er *vel*, den Speer, trägt, die Waffe des Gottes Skanda-Murukan. Ein solcher Führer hat die Reise schon früher einmal bewältigt und soll sich deshalb sicher auf den unübersichtlichen Pfaden im Wald bewegen können. Traditionell bestand eine Gruppe aus etwa 30 Personen, doch aus Sicherheitsgründen waren es in den letzten Jahren weit mehr. An der Strecke liegen zahlreiche wichtige Tempel, in denen die Pilger beten, bevor sie Kataragama erreichen.

In tamilischer Sprache heißt die Fußreise nach Kataragama *Katir Malai kar ai yattirai,* die »Küstenpilgerreise zum Leuchtenden Gipfel«. Denn wie sein »Vater« Shiva ist Skanda-Murukan ein mit Hügeln und Bergen assoziierter Gott.

Etwa tausend Menschen bewältigen die Strecke jedes Jahr. Die meisten sind tamilische Hindus, die übrigen singhalesische Buddhisten, Muslime und Reisende aus dem Westen. Die jüngsten innenpolitischen Auseinandersetzungen haben dazu geführt, dass weniger Leute den Pilgerweg im Norden beginnen, sondern im Osten, was nicht ganz so anstrengend ist, wie die lange Wanderschaft aus dem Norden, aber immer noch eine große Herausforderung. Meistens starten die Pilger von relativ entwickelten Siedlungen aus, doch je weiter sie nach Süden, vordringen, desto kleiner werden die Dörfer, die immer weiter auseinander liegen. Und schließlich führt die Strecke über 80 Kilometer durch den menschenleeren Urwald des Nationalparks Yala und benachbarter Gebiete. Haben sie ihr Ziel erreicht, vervollkommnen manche ihre ohnehin schmerzvolle Wanderung, indem sie über rot glühende Kohlen laufen.

Pilger aus vier Religionen nehmen in den jeweils letzten Monaten eines Jahres den langen und ermüdenden Aufstieg zum Adam's Peak auf sich.

Das buddhistische Kataragama

Es gibt viele verschiedene Meinungen darüber, wer der in Kataragama verehrte Gott ist. Denn Skanda-Murukan wird auch von Christen in Sri Lanka anerkannt, selbst einige Muslime schließen ihn bei ihren Fürbitten ein. Und so verbinden sich letztlich, entsprechend dem für die Insel charakteristischen Streben nach Harmonie, viele Traditionen. Die meisten Gläubigen in Kataragama sind Buddhisten. Da ihre Religion keine Götter kennt, richtet sich ihre Verehrung hier auf den großen Bodhisattva, der als Mensch Erleuchtung erfahren hat, aber darauf verzichtet, ins Nirwana einzugehen, um den Lebenden so auf ihrem Weg helfen zu können.

Für die buddhistischen Pilger gibt es kein festgelegtes Ritual, dem sie folgen müssen. Manche zünden Kerzen oder Räucherstäbchen an, andere legen Blumen als Opfergabe ab und spenden den Mönchen. Einige vollführen großartige Rituale oder sehr persönliche Gebetsriten. Viele rezitieren Buddha-Texte und meditieren über den achtfachen Weg zur Erleuchtung: rechtes Verständnis, rechte Einstellung, rechte Rede, rechtes Handeln, rechtes Leben, rechtes Streben, rechtes Denken und rechte Konzentration auf die Dinge, die Verstand und Denken nützen. Jeder verfolgt dabei seinen eigenen Weg zum Nirwana, dem »Zustand glückseliger Ruhe«. Denn der indische Prinz Gautama (Buddha) gründete keine von rigiden Lehren bestimmte Religion, er wollte keine Tempel, Opfer, Priester oder heiligen Bücher, er wollte lediglich dem einzelnen Menschen einen Weg weisen.

Erst viel später formierte sich der Buddhismus, angefangen von den mit Kuppeln versehenen Stupas, unter denen die Asche Buddhas und anderer Mönche begraben wurde. Danach entstand die Mönchsgemeinschaft und die Lehre spaltete sich, zunächst in die Hauptrichtungen des ursprünglichen Theravada-Buddhismus und des Mahayana-Buddhismus, der Bodhisattvas kennt.

Zum Ritual *Esala Perahera,* das in den Nächten des zunehmenden Mondes des Esala (Juli/August) ausgeführt wird, gehören Lichterprozessionen über die Berge und zu den Flüssen. Bei Vollmond erreichen die Festivitäten ihren Höhepunkt, wenn das Leben und die Taten des frühen singhalesischen Königs Mahasena (274–302), eines großen Förderers des Buddhismus, gefeiert werden. In würdigem Schritt bewegt sich eine Fackelprozession ins nahe Kirivehera. Ein Elefant trägt auf seinem Rücken einen Reliquienschrein, der die Anwesenheit Buddhas symbolisiert, ein anderer trägt sinnbildlich König Mahasena, repräsentiert durch sein sechseckiges *yantra,* ein geometrisches Gebilde, das die Meditation unterstützt. Die Mönche von Kirivehera empfangen den Anführer der Prozession, der verspricht, die »fünf Kardinaltugenden« einzuhalten: nicht zu töten oder zu stehlen, keine Unzucht zu treiben, nicht zu lügen oder anregende Getränke zu sich zu nehmen. Dann werden die acht erlaubten Getränke als Erfrischung für Buddha und die Mönchsgemeinde gereicht. Man erachtet dieses Ritual nicht als »orthodox«, aber es beinhaltet Werte, die seit Jahrhunderten Bedeutung haben.

Insel Serendipity

»Oh Pilger«, steht in einem von hier stammenden buddhistischen Text, »höre den Ruf, wie schwach er auch immer sein mag, und wenn niemand mit dir geht, dann geh allein.« In Kataragama sind Pilger selten allein, denn sie haben die Tradition auf ihrer Seite. Das Wort *serendipity* bedeutet eine »glückliche zufällige Entdeckung« und leitet sich von *serendib* her, dem Namen, den arabische Seefahrer der Insel einst gaben. Sie ist seit langer Zeit das Ziel von Pilgern mehrerer Religionen, deren Glaube unterschiedlich sein mag, doch deren Streben nach geistiger Offenbarung unverändert bleibt.

Gebetsfahnen entstammen der buddhistischen Tradition, doch im Süden Sri Lankas haben auch andere Religionen sie als symbolische Zeichen der Anrufungen und Gebete übernommen.

Ein shintoistischer Mönch wirft Täfelchen aus Duftholz in ein zeremonielles Feuer. Die Feste in den Tempeln der alten kaiserlichen Hauptstadt Kyoto ziehen jedes Jahr zahlreiche Pilger an.

ZEHNTE REISE

KYOTO

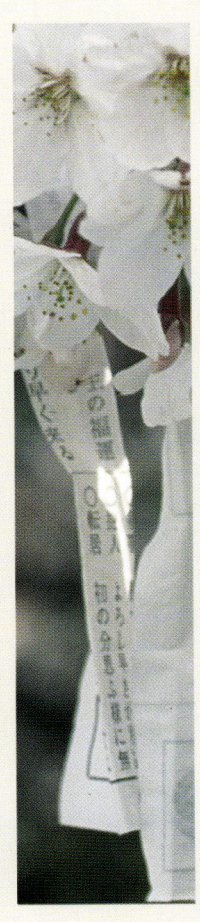

In wenigen Stunden rasen moderne Hochgeschwindig-
keitszüge wie der »Shinkansen« von Tokio nach Kyoto.
Die Tokaido-Straße zwischen der heutigen Kapitale, die
einst Edo hieß, und der alten kaiserlichen Hauptstadt war
früher schon die am meisten begangene und befahrene
des Landes – aus religiösen Gründen und weil die Menschen hier Entspannung suchten. Entlang der
550 Kilometer langen Strecke gab es
57 Orte, an denen man nicht nur
Halt machte, um auszuruhen,
sondern auch um die
heiligen Stätten
zu besu-
chen.

JAPAN

Tokio

Yokohama

Kyoto

Osaka

Hiroshima

SHIKOKU

KYUSHU

Im Jahr 1818 veröffentlichte der berühmte Holz-schnittkünstler Hokusai eine Serie von Bildern mit Szenen entlang der Tokaido-Straße, etwa am Wasserfall von Sakanoshita. Pilger klettern die Steinstufen an der Seite des *Kiyotaki* hinauf, des »Reinen Wasserfalls«, um zu dem kleinen Tempel der buddhistischen Göttin Kannon zu gelangen. Der Tempel wird heute noch besucht, so auch die Gärten und Schreine im alten Teil Kyotos. Denn unmittelbar hinter Japans moderner Fassade verbirgt sich eine uralte Kultur.

Zwei Wege

Die wichtigsten Religionen Japans, der Shintoismus und der Buddhismus, sind untrennbar miteinander verwoben. Die shintoistischen *kami*, die höchsten Geister, bewohnen Felsen, Bäume, Wasser und am Wegesrand errichtete Schreine, die durchaus buddhistischen Ursprungs sein könnten. Pilger mögen mit einem Anliegen zum Tempel gehen, aber in beiden Religionen sind die Reise an sich, das Folgen einer bestimmten Route, das Sichversenken in die Natur genauso wichtig wie das eigentliche Ziel. Ein Pilger erlangt religiöse Erbauung auch durch das Ausüben von Ritualen oder Meditation.

Nach einer Anfang der 1990er-Jahre durchgeführten Umfrage bekennen sich 107 Millionen Japaner zu einer shintoistischen Organisation und 96 Millionen zu einer buddhistischen. Da die Be-

Der *Kinkakuji*, der Goldene Pavillon, ist einer der bekanntesten buddhistischen Tempel Kyotos. Er steht in einem wunderbaren Garten der Meditation.

völkerung damals nur 124 Millionen betrug, belegt das Ergebnis, wie weit die Menschen von einer Trennung der Glaubensrichtungen entfernt sind. Sie besuchen sowohl Tempel, *tera,* ein Wort, das man meist für buddhistische Stätten benutzt, als auch *jinja* oder *jinshu,* Schreine, d. h. Verehrungsstätten des Shintoismus. Doch die Japaner praktizieren keine Mischung von Religionen. Vielmehr entsprechen die beiden Glaubenssysteme verschiedenen Aspekten ihres Lebens.

Die alte japanische Religion nannte man seit dem 6. Jahrhundert *Shinto,* wörtlich der »Weg der Götter«, um sie vom Buddhismus unterscheiden zu können. Dieser war im 5. Jahrhundert vor der

Zeitenwende von dem indischen Prinzen Siddharta Gautama, dem historischen Buddha, gegründet worden und nahm tausend Jahre später über China und Korea seinen Weg auf das Inselreich. Inzwischen hat sich die ostasiatische Variante mit ihren zahlreichen Bodhisattvas weit von der ursprünglichen Lehre entfernt.

Im modernen Japan existieren Shintoismus und Buddhismus nebeneinander. Die Jugendlichen beschäftigen sich nicht mit religiösen Philosophien und dennoch würden sie keinen Tempel besuchen, ohne dem Ritual von Reinigung, Händeklatschen, Verbeugungen und Opfergaben zu folgen. Bei Hochzeiten und anderen festlichen Ereignissen im persönlichen oder gemeinschaftlichen Leben werden meist Shinto-Rituale vollzogen. Buddhistische Tempel dienen vorwiegend der stillen Zwiesprache

Viele Feste, die die Menschen in Kyoto begehen, sollen das Alter ehren und den Kontakt zu den Seelen der Verstorbenen aufrechterhalten.

sowie den Beisetzungsfeierlichkeiten. Seit 1500 Jahren tolerieren sich die Religionen und fand ein geistiger Austausch zwischen ihnen statt.

Nirgendwo ist die Symbiose sichtbarer als in Kyoto. Die Schreine, Tempel, Bethallen, Paläste, Burgen und Gärten in der Stadt und auf den umliegenden Hügeln zählen zu den schönsten des Landes. Die meisten der Besucher sind Touristen – aus westlicher Sicht keine Pilger, wohl aber nach dem weit komplexeren japanischen Verständnis der Welt. Ohnehin ist der Besuch eines Schreins für viele eine überwältigende Erfahrung.

Kaiser und Shogun

Im Jahr 785 begann die in der japanischen Geschichte als Klassik bezeichnete Periode der Heian-Zeit, als dem neuen Heian-kyo, heute als Kyoto bekannt, die Würde der kaiserlichen Hauptstadt übertragen wurde. Die Epoche endete 1185. Seinerzeit entwand Minamato no Yoritomo dem Kaiser die Macht und begründete die lange Herrschaft des Shogunats. Kyoto blieb 700 Jahre lang Kaiserstadt, besaß aber lediglich zeremonielle Funktion. In Edo, dem heutigen Tokio, befand sich die wichtigste Burg der Shoguns, des Militärherrschers. Die Gesellschaft war streng feudal organisiert: Dem Shogun mussten die Daimyo, regionale Feudalherrn, einen Teil ihrer Einkünfte abliefern. Zu Abgaben waren auch die Samurai, die Mitglieder des Militäradels verpflichtet. Nominell zwar dem Kaiser unterstellt, war der Shogun dennoch der eigentliche Herrscher – bis das Shogunat 1868 gestürzt und Tokio kaiserliche Hauptstadt wurde.

In der feudalistischen Zeit blühten die Tempel und Schreine in Kyoto auf. Obwohl viele alte, meist aus Holz bestehende Gebäude niedergebrannt sind, blieben Bauwerke aus der Heian-Zeit erhalten. Einige davon werden täglich von Tausenden Besuchern aufgesucht, andere sind kaum bekannt.

Religiöse Feiern und Rituale

Mehr als eine Religion ist Shinto eine Feier des Lebens, bei der Fruchtbarkeitsriten immer eine bedeutende Rolle spielten, liegt sein Ursprung doch in der Reiskultur: Die ersten Götter waren Sonne, Sturm, Berge, Flüsse und Seen, die den Regen für die Bewässerung der Felder sammelten. Auch die Ahnen und Personen aus der Geschichte nahmen prominente Plätze ein. Später traten der Kaiser und die kaiserliche Familie in den Mittelpunkt der Shinto-Kulte, was dazu führte, dass von 1868 bis 1945 ein Staats-Shintoismus das Leben bestimmte. Er wurde nach Japans Niederlage im Zweiten Weltkrieg von den amerikanischen Besatzern verboten.

Obwohl der Staats-Shintoismus der Vergangenheit angehört, haben viele seiner gedanklichen Grundlagen weiterhin Gültigkeit, vor allem das Streben nach Sauberkeit und Reinigung, das die japanische Gesellschaft genauso charakterisiert wie die Achtung der Natur. Die auffälligste Ausprägung gewinnt der Shintoismus bei den *matsuri,* stillen oder sehr lebhaften Festen, die entweder im Kleinen oder landesweit begangen werden, wie zum Beispiel das Neujahrsfest nach dem alten Kalender. Am zweiten und dritten Tag des ersten Mondmonats begangen, schließt es auch Dämonen- und Feuertänze in den Schreinen von Kyoto ein.

Die Yoshino-Berge unweit der Stadt locken alljährlich im April, dem dritten Mondmonat, unzählige Besucher an – dem Zauber der Kirschblüte kann sich niemand entziehen. Der bereits erwähnte Holzschnittkünstler Hokusai hat vor 200 Jahren eine Szene eingefangen, die Pilger auf dem Weg zu einem Shinto-Schrein auf einem Berg zeigt, umgeben von einem Meer blühender Kirschbäume. Die modernen Pilgerfahrten zur Kirschblüte arten oft in Trinkorgien aus, während tausende Teilnehmer und Schaulustige *Jidai Matsuri* und *Hi Matsuri,* die Feste des Alters und des Feuers im Oktober, eher in traditioneller Weise mit Prozessionen begehen.

Der Einfluss des Buddhismus

Nur wenige Bereiche der japanischen Kultur blieben vom Buddhismus unbeeinflusst. Unter seinen verschiedenen Ausprägungen steht hier der Zen-Buddhismus an erster Stelle, der Wesenszüge des Shintoismus aufgenommen hat. Es entstand ein komplexes System von Figuren um die vier wichtigsten *nyorai* (Buddhas), einschließlich des historischen Buddha, und eine große Zahl von *bosatsu* (Bodhisattvas). Diese haben die Erleuchtung erlangt, gehen aber nicht ins Nirwana ein, um anderen auf dem Weg zur Erleuchtung zu helfen.

Kannon genießt die größte Verehrung unter allen *bosatsu*. Sie war ursprünglich eine hinduistische Göttin, die sich in China und Japan zur Göttin des Mitleids und der Gnade entwickelte. Der

Gebete und Bitten an die Götter sind an die blühenden Kirschzweige gebunden. Zur Zeit der Kirschblüte besuchen Tausende die heiligen Stätten von Kyoto: Kreationen der Natur oder Werke der Menschen.

schönste, Kannon geweihte Tempel in Kyoto ist der Sanjusangen-do, in dem tausend vergoldete Statuen in zehn langen Reihen nebeneinander stehen. Seit 1606 findet jedes Jahr am 15. Januar eine Art Pilgerfahrt mit einem Bogenschießwettbewerb am Heiligtum statt. Wie die Katholiken die Flammen der Kerzen als Symbol für ihre Gebete sehen, so benutzen die Japaner Pfeile, um ihre Anrufungen und Bitten zur Göttin zu schicken.

Der Toji, ein weiterer Tempel in Kyoto, erlebt am 21. Dezember und 21. Januar das letzte buddhistische Fest des alten Jahres sowie das erste des neuen. Beide erinnern in einer freudigen Atmosphäre an den hoch verehrten Heiligen und Lehrer Kukai, den Gründer der Shingon-Sekte, der postum als Kobo Daishi bekannt wurde. (Die großartigste Zeremonie für Kukai findet auf der Insel Shikoku statt. Zen-Anhänger besuchen dort auf einer Pilgerroute, die einen großen Kreis beschreibt, 88 Stationen.)

In einer weit stilleren Stimmung machen sich vom 7. bis 10. August Familien zur *Rokudo*-Pilgerprozession auf, um die Seelen der Toten mit Laternen und Gongs zu begrüßen. Diese Zeremonien finden in den Tempeln bei Kiyomizu-dera statt, wo einst ein großer Friedhof existierte.

Eine Woche später endet *Obon*, das Totenfest, mit dem Daimonji-Fest. Die Menschen kommen dann, um den Seelen ihrer Ahnen die Ehre zu erweisen und verfolgen die fünf großen Feuer, die auf den Hügeln um Kyoto angezündet werden. Bei Vollmond im September finden Mondbeobachtungszeremonien bei den kaiserlichen Schreinen Daikakuji und Uji statt.

Riten der Verehrung

Einer der bedeutendsten Shinto-Schreine, Fushimi Inari Taisha, befindet sich am Berg Inari, südöstlich von Kyoto. Er ist Inari, dem Reisgott, geweiht, der auch für Geld und Wohlstand verantwortlich ist. Gegründet im 8. Jahrhundert, gilt er als einer der ältesten Schreine Japans. Einige seiner Gebäude datieren noch aus dem 15. Jahrhundert. Der Berg ist übersät mit kleineren Schreinen und die vielen Pilgerpfade, die zu ihnen führen, sind von Tausenden roter *torii* (Tore) überspannt. Sie stehen so eng zusammen, dass man meint, durch einen Tunnel zu gehen. Manche tragen die Namen der Firmen, die sie in der Hoffnung auf himmlische Unterstützung gespendet haben – und die die *torii* sogar von der Steuer absetzen können! An vielen Orten sieht man auch geschnitzte Fuchsfiguren, die als Wächter des Schreins gelten. Kleinere Keramikversionen verkaufen die Pilgerläden, die an einigen Stellen so dicht stehen wie anderswo die *torii*.

Weder Fushimi Inari Taisha noch Heian Jungu, der 1894 erbaute offizielle Schrein des Staats-Shintoismus für die Heian-Kaiser, schließen jemals ihre Tore. Hingegen sind viele kleinere und weniger bedeutende Verehrungsstätten in Kyoto nur an wenigen Tagen im Jahr geöffnet, etwa Anrakuji, in dem die buddhistische Jodo-Sekte gegründet wurde, Reikanji, ein kleines kaiserliches Kloster, oder Daitokuji, der große Zen-Tempelkomplex. Besuchern sind sie gewöhnlich Anfang November zugänglich, wenn die Pilger kommen, um die spektakuläre herbstliche Laubfärbung der Ahorn- und Ginkgobäume zu sehen und über Schönheit und Vergänglichkeit zu meditieren.

Zum Daitokuji gehört auch einer der großartigen klassischen japanischen Gärten. Er ist gleichsam die verkleinerte und in ihrer Gestaltung strengere Variante eines Landschaftsgartens der chinesischen Song-Dynastie. Der Garten entstand im 14. Jahrhundert durch die Zusammenarbeit des Klostergründers Kogaku mit dem Künstler Soami und ist seitdem ein Ort der Inspiration und Meditation für die Pilger.

Einen wunderbaren Garten aus geharkten Kieselsteinen betrachten, neben einem Wasserfall zu einem Schrein aufsteigen, die Schönheit der Natur bewundern – diese Elemente unterscheiden eine Pilgerreise nach japanischer Tradtion von vielen Gesten der Verehrung in anderen Kulturen, auch in jenen Ländern, wo Religion sich mit dem Alltag eng verflochten hat. Selbst wenn viele Besucher der Schreine und Tempel, Kirschbäume und Hügel der alten Kaiserstadt nicht jede Einzelheit ihres Handelns begreifen, so folgen sie doch selbstbewusst den alten Traditionen. Sie folgen den Spuren vieler Generationen und wahren jene Rituale, die sie mit ihren Ahnen verbinden.

Die *torii* über den Pilgerpfaden am Berg Inari stehen so dicht beieinander, dass sie wie Tunnel wirken. Dieser Schrein gehört zu den ältesten in Japan und ist immer noch von Leben erfüllt.

Die große Kirche von Lourdes in den französischen Pyrenäen markiert den Ort, an dem die junge Bernadette 1858 angeblich eine Erscheinung hatte. Heute ist Lourdes eines der bedeutendsten Pilgerziele der christlichen Welt.

ELFTE REISE

LOURDES

Bernadette Soubirous, die junge Französin, der die Jungfrau Maria erschien.

Nur wenige Orte der Welt werden von so vielen Pilgern besucht wie Lourdes im Südwesten Frankreichs. Gesunde und vor allem Kranke kommen in Bussen, Zügen und Flugzeugen, einige auch zu Fuß, um dort zu beten oder an dem Ort der Erscheinung Mariens vielleicht ein Wunder zu erleben.

Fast zwei Drittel aller europäischen Kirchen sind der heiligen Maria geweiht – insgesamt an die 4000 – und damit gibt es zehmal mehr Marien- als Christuskirchen. In der Gegend von Lourdes, nicht weit entfernt von der mittelalterlichen Pilgerroute nach Santiago de Compostela in Nordspanien, erzählen die Menschen seit Jahrhunderten Geschichten über Wunder und die Kraft der Heiligen Jungfrau. 1858 schließlich hatte ein Bauernmädchen eine Vision, die sie selbst und ihre Heimatstadt Lourdes berühmt machen sollte: Bernadette Soubirous, eine arme 14-Jährige, die kaum lesen und schreiben konnte, berichtete, sie hätte eine glänzende Erscheinung gesehen, die sich als die Jungfrau der Unbefleckten Empfängnis vorgestellt und ihr eine Quelle gezeigt hätte, die Heilkräfte besäße. Die »Wunder von Lourdes« hatten begonnen. Bis heute gilt die Stadt in der katholischen Welt als ein Ort der Hoffnung und Heilung.

Eine Flut von Pilgern

Zuerst war Lourdes nur ein Ziel französischer Pilger, die Buße tun wollten und um Genesung gebetet haben. Doch 1873 trafen die ersten aus Kanada und Belgien ein, denen bald weitere aus den USA, Polen, Deutschland, Brasilien, Ungarn und Großbritannien folgten. Heute reisen Besucher aus aller Welt nach Lourdes. Im Jahr des 100-jährigen Jubiläums von Bernadettes Visionen (1958) waren es acht Millionen Menschen. Seitdem ist die Zahl wieder gesunken, aber dennoch kommen jedes Jahr unglaubliche Massen in die kleine Pyrenäenstadt. Man kann inzwischen sogar eine virtuelle Pilgerreise im Internet unternehmen, www.lourdes-france.com lässt zum Beispiel das Glockengeläut ertönen, das die Hymne von Lourdes spielt: »Ave! Ave! Ave Maria!« Und Kameras übertragen Tag und Nacht aktuelle Bilder aus der Grotte und der großen Basilika.

Bernadettes Vision

Am 11. Februar 1858 hatte Bernadette die erste von 18 Marienerscheinungen. Bereits schwer an Tuberkulose erkrankt ging sie mit ihrer Schwester und einer Freundin zum Holzsammeln an den Fluss Gave de Pau. Als sie durch den Fluss waten wollte, hörte sie den Wind pfeifen und sah ein schwaches Licht in einer Grotte. Ein wunderschönes, lächelndes, ganz in Weiß gekleidetes Kind schien sie zu rufen. Überrascht suchte Bernadette nach ihrem Rosenkranz, woraufhin das Kind dasselbe tat. Dann verschwand die Vision. Niemand außer ihr sah etwas – und niemand anderer sollte je etwas sehen.

Bernadette berichtete, dass ihr die Lichtgestalt noch zweimal erschien und sie in ihrer Sprache aufforderte, die nächsten 15 Tage wieder zu kommen. Als sich die Nachricht darüber verbreitete, begleiteten immer mehr Leute das kranke Mädchen und wurden Zeugen, wie sich sein Gesicht veränderte, während es mit der Erscheinung sprach. Die Versuche der Behörden, Bernadette zu dem Eingeständnis zu bringen, dass es sich um einen Scherz handelte, scheiterten genauso wie die Absperrung der Stelle. Niemals benannte Bernadette, was sie sah, sondern bezeichnete die Vision nur als *aquéro* (»jenes Ding«). Während der neunten Begegnung kroch sie am Boden herum und trank das schmutzige Wasser, das sie dort fand. Die Zuschauer waren schockiert, bis an der Stelle eine Quelle zu fließen begann. Bei der dreizehnten Erscheinung erhielt Bernadette den Auftrag, die Priester zur Grotte zu führen, damit sie dort eine Kapelle bauten. Der Pfarrer des Ortes verlangte nach einem Zeichen, die Lichtgestalt sollte einen Rosenbusch erblühen lassen und Bernadette ihren Namen mitteilen, doch nichts geschah – bis zum Ende des fünfzehnten Tages. Drei Wochen später, am 25. März, dem Fest der Verkündigung, ging Bernadette nochmals zu der Stelle. Da offenbarte die Erscheinung, sie sei die Unbefleckte Empfängnis.

»Unsere Jungfrau von Lourdes« hat sich seit der Mitte des 19. Jahrhunderts zu einem der wichtigsten und beliebtesten Symbole des Katholizismus entwickelt. Bernadette sah eine kindliche Erscheinung, die Kirche aber wollte eine Erwachsenenfigur.

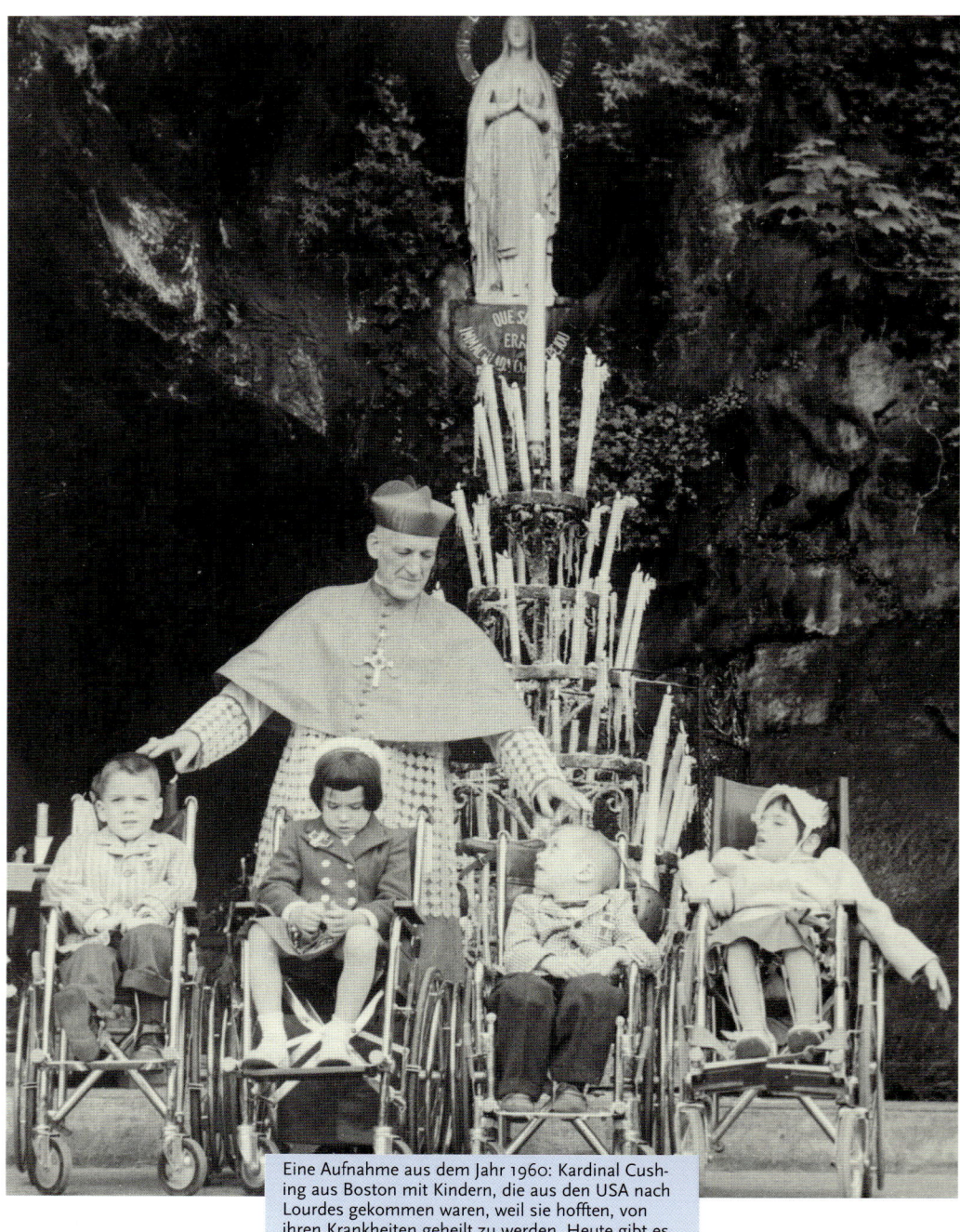

Eine Aufnahme aus dem Jahr 1960: Kardinal Cush-ing aus Boston mit Kindern, die aus den USA nach Lourdes gekommen waren, weil sie hofften, von ihren Krankheiten geheilt zu werden. Heute gibt es keine Wunder mehr, nur Hoffnung.

Die Türme der wichtigsten Kirche, der Basilika des Rosenkranzes, symbolisieren die zum Himmel strebenden Gebete und Fürbitten der Gläubigen. Wegen des Andrangs der
Pilger wurde 1958 eine weitere Kirche unter der Erde erbaut.

Bernadettes himmlische Mission war bald vorbei.
Die Kirche nahm sich der Sache an und gab ihr einen orthodoxen Rahmen. Selbst Bernadettes Vision eines etwa gleich alten Kindes wurde zu einer
erwachsenen Frau verändert, die als Unsere Jungfrau von Lourdes erkennbar sein sollte. Schon kurze Zeit später behaupteten Leute, die Quelle, die
Bernadette entdeckt hatte, besäße heilende Kräfte.
In Lourdes entstand eine der größten katholischen
Pilgerstätten und eine regelrechte Wallfahrtsindus-
trie, während das Mädchen den Rest seines kurzen, schmerzvollen Lebens in einem Kloster in

Zentralfrankreich verbrachte. 1878 starb sie in Ne-
vers, wo – und nicht etwa in Lourdes – ihr einbal-
samierter Körper als Reliquie aufgebahrt liegt.

Lourdes auf dem Weg zum Ruhm

Bernadettes Geschichte klingt wie ein Märchen,
doch eine derartige Resonanz war keineswegs vor-
auszusehen. Das Mädchen kam aus einer armen,
wenig angesehenen Familie aus einem abgelege-
nen Teil Frankreichs, in dem jede Menge Geschichten über wundersame Begegnungen kursierten.
Die Erscheinung gab zudem wenige Zeichen und
übermittelte kaum eine Botschaft, außer ihrer Aussage, sie sei die »Unbefleckte Empfängnis«. So
setzten die Behörden einiges daran, zu verhindern,

Lourdes wurde zur Kirche der Zugreisenden, denn bis vor wenigen Jahren kam die große Mehrheit der Pilger mit der Bahn aus Frankreich und anderen europäischen Staaten.

dass eine Kirche errichtet wurde. Doch innerhalb von 20 Jahren kamen Hunderttausende von Pilgern, Reiche und Arme, aus allen Teilen Frankreichs. Und weitere 20 Jahre später war aus dem Ort ein internationales Pilgerziel geworden.

Die Eisenbahn brachte Lourdes den wirtschaftlichen Erfolg. Als die Strecke 1866 eröffnet wurde, war der abgelegene Ort plötzlich von überall her erreichbar. Reisen heute die meisten Pilger per Bus oder Flugzeug an, so war der Zug über ein Jahrhundert das wichtigste Verkehrsmittel und für Kranke werden weiterhin Sonderzüge eingesetzt.

Hinzu kam, dass das Postulat der Unbefleckten Empfängnis – Maria sei durch die Empfängnis von der Erbsünde verschont geblieben – gerade erst 1854 zu einem Glaubensdogma des Katholizismus erhoben worden war. Die Verkündigung der Erscheinung kam den Kirchenbehörden deshalb sehr gelegen. Die hervorragende Verkehrsanbindung des Ortes sowie die massive Unterstützung von Seiten der Kirche, der Monarchie und der Presse brachten Lourdes auf den Weg zum Ruhm.

Die erste Kirche, die Basilika der Unbefleckten Empfängnis, wurde zwischen 1864 und 1874 neben der Grotte errichtet. Von diesem Zeitpunkt an veränderte sich – vor allem durch den Einfluss der Kirche – rasch die Landschaft am Ort der Erscheinungen. Eine zweite Kirche, die Basilika des Rosenkranzes, entstand in einem kuriosen romanisch-byzantinischen Mischstil gegen Ende des 19. Jahrhunderts. Sie besaß Rampen, damit die Kranken leichter transportiert werden konnten, einen riesigen Versammlungsplatz für die zahlreichen Pilger sowie das *Asile*, ein Hospital für Schwerkranke. Als auch diese Gebäude die Massen nicht mehr fassen konnten, wurde, rechtzeitig zur Hundertjahrfeier, eine dritte unterirdische Basilika gebaut.

Hoffen auf ein Wunder

Die Veranstalter heutiger Pilgerfahrten müssen sich um Transport, Übernachtungsmöglichkeiten und die medizinische Hilfe für die Kranken kümmern, von denen einige überaus schwach und an Reisen nicht gewöhnt sind. Mit Wärme und Freundlichkeit versuchen die Begleiter im Sinne christlicher Nächstenliebe die Gesunden zu motivieren jenen Mitreisenden zu helfen, die nicht mehr alleine zurechtkommen. Kranke mögen vielleicht die Hoffnung auf eine Wunderheilung hegen, aber eigentlich glaubt niemand so richtig daran, doch schon die positive Erfahrung des Gemeinschaftsgefühls und der gegenseitigen Zuwendung erfüllt viele Erwartungen an die Fahrt.

Die modernen Pilger reisen meist in größeren Gruppen, organisiert von Kirchengemeinden oder Diözesen. Mit Tausenden von anderen in Lourdes anzukommen, kann eine verwirrende, überwältigende, aber auch erhebende Erfahrung sein. Weniger religiöse Besucher sind zunächst einmal von dem Kitsch schockiert, der hier zum Verkauf steht: übergroße Rosenkränze oder Heiligenfiguren, die in der Dunkelheit leuchten, Gipsfiguren, Wandbilder und Plastikbehältnisse für das Quellwasser. Die Läden befinden sich allerdings außerhalb der *domaine*, des geheiligten Bezirks. Manchmal streben Gruppen auch in die schöne Hügellandschaft der Umgebung.

Heilung steht im Mittelpunkt der Pilgerfahrt nach Lourdes. Wer Schmerzen hat, folgt der rituellen Pilgerrunde und den eucharistischen Prozes-

Unsere Jungfrau von Lourdes, »wacht unter dem Kreuz ...«. Der Pilger-Kreuzweg windet sich durch die felsigen Hänge der *domaine*, wo Bernadette die Erscheinung hatte und die Geschichte von Lourdes begann.

sionen und badet im eiskalten Wasser der Becken. Heilung für die Unheilbaren, Linderung für die Gequälten, dies waren die Hoffnungen, die durch die Vision der jungen Bernadette und die Quelle geweckt wurden. Schon kurz darauf behaupteten die Ersten genesen zu sein und die Wunder – Lahme gehen, Blinde sehen – nahmen ihren Lauf.

Beim 25-jährigen Jubiläum von Lourdes als nationalem Pilgerzentrum waren 325 überlebende *miraculés* anwesend, Männer und vor allem Frauen, die in der Kirche oder vom Wasser geheilt worden sein sollen. Die Kirche stand immer unter Druck, diese Behauptungen wissenschaftlich zu untermauern, und gründete dafür 1883 das Medizinische Büro von Lourdes, das jedes vermeintliche Wunder untersuchen sollte.

Die Nachforschungen sind inzwischen so genau, dass seit über einer Generation kein Wunder mehr gemeldet wurde. Zuletzt verkündete der Bischof von Angoulême im Februar 1999, die Heilung einer multiplen Sklerose, die Jean-Pierre Bély zwölf Jahre zuvor in Lourdes erfahren habe, sei »ein wahres Zeichen Christi«, eine Formulierung, die an die eines Wunders grenzt.

Von den 64 offiziell anerkannten Wunderheilungen sind 26 aus der Zeit vor 1900. Geheilt wurden Tuberkulose, Krebs, Blindheit und Lähmung und der Strom der Kranken und ihrer Helfer reißt nicht ab. Selbst wenn die Kirche keine Genesungen mehr anerkennt, empfinden viele Gläubige trotzdem Erleichterung oder gar Heilung durch ihre Reise nach Lourdes.

Die rituelle Runde

Die Abfolge ritueller Handlungen wurde bereits früh festgelegt und hat sich seitdem wenig geändert. Viele der Herbergen, Pensionen und Hotels,

die sich um die Pilger kümmern, entstanden bereits im 19. Jahrhundert und sind heute während der gesamten Saison ausgebucht.

Obwohl über die Kräfte des Wassers kaum noch gesprochen wird, gehört das rituelle Bad weiterhin zu den wichtigsten Erfahrungen in Lourdes. An manchen Tagen suchen Tausende die Becken auf, deren eiskaltes Wasser regelmäßig aufgefüllt werden muss. Die Schwerkranken baden zu gesonderten Zeiten, und wer nur leicht krank ist, hat Vortritt gegenüber den Gesunden. Männer und Frauen stehen in unterschiedlichen Schlangen an, die sich nur zentimeterweise bis zu den Becken vorwärts bewegen. Dort helfen *brancardiers,* Laien, die sich der Sorge um die Kranken verschrieben haben, den Pilgern beim Bad. Während sich der eine auszieht, taucht der andere in das Wasser ein und spricht sein Gebet und ein dritter streift sich schon wieder die Kleider über den nassen Körper.

Das Gefühl von Hoffnung, Glaube und Zusammengehörigkeit ist in Lourdes vor allem in den Badestunden und bei der Segnung der Kranken spürbar. Doch hinter den religiösen Ritualen steckt ein Höchstmaß an Organisation.

Der Zyklus der Messen beginnt am frühen Nachmittag, heute in einer Vielzahl von Sprachen, wo einst nur Latein zu hören war. Der Höhepunkt ist um halb fünf Uhr nachmittags mit der Prozession des Heiligen Sakraments und der Segnung der Kranken erreicht.

Und schließlich, bei Anbruch der Nacht, windet sich die Lichterprozession mit Tausenden und Abertausenden von Pilgern mit brennenden Kerzen und Fackeln in den Händen zur Grotte. Dort singen sie die Hymne von Lourdes – für viele sicher eine der bewegendsten Erinnerungen an die Pilgerfahrt. Im 21. Jahrhundert glaubt kaum noch jemand an Wunder und trotzdem wallfahren viele Menschen voller Hoffnung nach Lourdes.

Rund zwei Millionen Pilger kommen jedes Jahr nach Mekka, um eine »Säule« ihres Glaubens zu bauen. Die Männer tragen dabei, wie vom Koran vorgeschrieben, das aus zwei Tüchern bestehende *ihram*, die Frauen einfache Gewänder.

ZWÖLFTE REISE

MEKKA
und die
HADSCH

Mekka ging nicht allein als Ortsbezeichnung in die Sprachen der Welt ein. Vielmehr ist das Wort Synonym für einen paradiesischen Ort, an dem man Gleichgesinnte trifft. Für Muslime ist Mekka der Ort der Erfüllung während der Hadsch, eine heilige Stadt, die nur die Rechtgläubigen betreten dürfen.

Und auf der ganzen Welt wenden sich Muslime gen Mekka, um sich vor Allah, dem einzig wahren Gott, zu verbeugen.

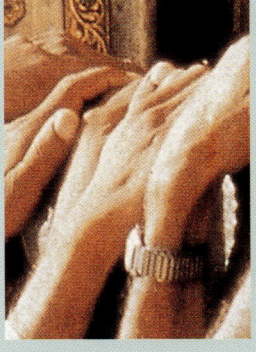

Die muslimischen Pilger folgen den im Koran seit den Tagen des Propheten festgelegten Ritualen, um sich ihrem Gott zu nähern.

ISRAEL

Kairo

Suez

JORDANIEN

Nil

ÄGYPTEN

ROTES MEER

Assuan

Nasser-Stausee

SAUDI-ARABIEN

Nubische Wüste

Nil

Jiddah

Mekka

SUDAN

Im Gegensatz zu den anderen Religionen ist eine Pilgerreise im Islam keine freiwillige Handlung, sondern spirituelle Pflicht. Die Hadsch – die Reise nach Mekka, dem Geburtsort des Propheten Mohammed, und die Ausführung der vorgeschriebenen Rituale – gehört zu den fünf »Säulen des Islam«. Erst wenn er nach diesen Vorschriften lebt, gilt ein Gläubiger als echter Muslim.

Die Hadsch

Mekka liegt in einem als Hijaz bekannten unwirtlichen Gebiet an der Küste des Roten Meers im heutigen Saudi-Arabien. In unserer Zeit, da das Reisen einfacher geworden ist und die Einkommen steigen, begeben sich jedes Jahr viele Millionen auf die Hadsch und überschwemmen wie ein Meer diese verlassene Ecke der arabischen Welt. Früher war eine solche Reise jenen Gläubigen vorbehalten, die einen starken Willen, gute Gesundheit und ausrei-

Gewaltige Menschenmassen erdrücken förmlich Straßen und Plätze und selbst die große Moschee mit der Kaaba. Doch eine *Hadsch* ist nicht nur ein kollektives Bekenntnis des Glaubens, sondern auch eine persönliche Erfahrung.

Von den rund 500 000 Gläubigen, die in der Moschee Platz finden, haben nur wenige das Glück, den heiligen schwarzen Stein der Kaaba berühren zu können, das Symbol für den Altar, den Abraham errichtete.

chend Geld besaßen. Doch wer als Hadschi aus Mekka zurückkam, wurde für den Rest seines Lebens verehrt. Fast nie geschah es, dass jemand die Hadsch zweimal ausführte, was heute durchaus üblich ist. Dabei werden die Pilger von Verwandten und Freunden zu Hause aufgefordert, in Mekka auch ihre Gebete zu übermitteln.

Eine regelrechte Industrie hat sich rund um die Pilgerfahrt etabliert. Kompanien von Ärzten impfen die Pilger, bevor sie sich auf die Reise machen. Die wiederum feilschen mit Reisebüros, die sich auf die Pilgerreisen spezialisiert haben. Flugkontrollen und Hafenbehörden in Saudi-Arabien arbeiten jenseits ihrer Kapazitätsgrenzen. Für jene, die auf dem Landweg anreisen, meist Arme oder Strenggläubi-

ge, werden spezielle Grenzstationen eingerichtet. Sämtliche Straßen sind mit Fahrzeugen verstopft. Besondere Quartiere und Zeltstädte liegen rund um die heiligen Stätten, während in der Nähe des Flughafens von Jiddah ein riesiger Wohnkomplex, eine nur wenige Tage im Jahr bewohnte Pilgerstadt, errichtet wurde. Das durch Erdöl reich gewordene Saudi-Arabien verzichtet bisher auf die Beiträge von anderen muslimischen Staaten, die ihm für die Ausrichtung der Hadsch zuständen. Allerdings fallen die Belastungen im Staatshaushalt nun immer stärker ins Gewicht.

Unzählige Busse und Taxis befördern die Pilger und überall schwirren Führer umher, aber auch Sicherheitsbeamte, denn kein Nicht-Muslim darf die heiligen Stätten betreten. Rund um die Uhr ist ein medizinischer Dienst im Einsatz, weil täglich zahlreiche Pilger eines natürlichen Todes sterben oder Opfer eines Unfalls werden. Über einhundert

Personen wurden bei der Hadsch 2001 verwundet: Pilger werden in den drängenden Massen erdrückt oder Gebäude stürzen unter dem Gewicht der Menge zusammen. Gelegentlich eskalieren auch Auseinandersetzungen zwischen verschiedenen Glaubensrichtungen des Islam in blutiger Gewalt.

Der Prophet und seine Stadt

Nach der Lehre des Islam erhielt Mohammed im 7. Jahrhundert die letzte Offenbarung von Gott. Die »letzte« in dem Sinne, als Teile der Botschaft früher bereits Moses und Jesus übermittelt wurden. Gottes Botschaft steht im Koran, dem »endgültigen Buch«. Allah, der einzig wahre Gott des Islam, wählte die arabische Halbinsel als Ursprung der Welt aus: Dorthin führte er Adam, und als er Abraham befahl Syrien zu verlassen, baute dieser eine Verehrungsstätte in dem kargen Wüstental von Hijaz. Sie wurde als *Kaaba* (Würfel) bekannt. An diesem Heiligtum opferten die Anhänger von Naturreligionen, bis Mohammed sie vertrieb und den Ort zu einer heiligen Stätte für Allah machte.

Leben und Taten des Propheten wurden zum Vorbild für jeden wahren Muslim. Allah gilt als der einzig wahre Gott und Mohammed als sein Prophet. Fünf Mal am Tag beten gläubige Muslime, dazu fasten sie im heiligen Monat Ramadan tagsüber und spenden für die Bedürftigen. Und wenn Gesundheit und finanzielle Mittel es zulassen, dann soll ein Muslim einmal in seinem Leben die Pilgerreise nach Mekka, die Hadsch, antreten.

Mohammed selbst, der einer Kaufmannsfamilie der Mittelschicht entstammte, begann um das Jahr 610, als er etwa 40 Jahre alt war, zu predigen. Er verurteilte die Verehrung von Götzenbildern und vertrat unnachgiebig den Glauben an nur einen Gott, was den kommerziellen Erfolg seiner Heimatstadt gefährdete, die vom Handel während der religiösen Zusammenkünfte abhängig war. Des-

halb flohen Mohammed und seine Anhänger 622 in das nahe gelegene Medina. Jenes Jahr, in dem sein Exil begann, gilt als Geburtsstunde des Islam. Von Medina aus führte er einen wirtschaftlichen Zermürbungskrieg gegen Mekka, bis die Stadt 630 kapitulierte. Die alten Götter und Götzenbilder wurden zerstört, die Kaaba gereinigt. Im Jahr 632, kurz vor seinem Tod, begab sich Mohammed nach dem Vorbild Adams und Abrahams auf eine Pilgerreise nach Mekka. Etwa 100 000 Gläubige folgten ihm und hörten seine letzte öffentliche Predigt.

Nach dem Tod des Propheten machten sich seine Anhänger auf einen Eroberungszug in die arabische Welt und Nordafrika, später auch in entferntere Länder auf. Sie waren nun in der Religion geeint statt in Volksstämmen zerstritten. Im Jahr 660 entwickelte sich Damaskus zum geistigen Zentrum des Islam, während Mekka der Ort der Hadsch wurde. Doch später sollte auch Mekka zum politischen Spielball werden, als sich der Islam in Sunniten, Sufiten und Schiiten spaltete. Im 18. Jahrhundert reinigten Strenggläubige die Hadsch von weltlichen Exzessen und unter ihrem Einfluss liegt die Betonung seitdem auf der korrekten Erfüllung der Rituale.

Die Rituale

Das Wort »Hadsch« bedeutet eigentlich »eine Anstrengung unternehmen« und genau dies traf für die Reisen mit Kamelkarawanen durch die Wüste zu. Auch den modernen Pilgern werden Anstrengungen abverlangt, wenn sie in heißen Flugzeugen sitzen, die über Jiddah kreisen und auf ihre Landeerlaubnis warten. Heute gibt es etwa 700 Millionen Muslime auf der Welt. Nur ein kleiner Teil von ihnen wird je in der Lage sein, nach Mekka zu reisen. Doch ihre Zahl ist schon weit größer als vor einer Generation. Etwa zwei Millionen treffen jedes Jahr ein, alle zur selben Zeit.

Bevor sie Arafat verlassen, sammeln die Pilger 49 Steine, sieben mal sieben. An diesem Ort hielt der Prophet seine letzte öffentliche Predigt.

Die islamische Glaubensgemeinschaft wird *umma* genannt und die Gedanken und Gebete der gesamten *umma* sind bei jenen, die Mekka erreicht haben. Weil nur Muslime die heilige Stadt betreten dürfen und Fotografieren erst seit kurzer Zeit erlaubt ist, haftet der muslimischen Pilgererfahrung auch etwas Einzigartiges an.

Im Mittelpunkt der Aufmerksamkeit in Mekka steht die Kaaba, die weitgehend aus dem 7. Jahrhundert stammt, aber vielfach restauriert wurde. In ihrer Ostecke steckt der heilige schwarze Stein, ein Meteorit, der aus der Zeit von Adam und Abraham stammen soll. Er war jedenfalls als Objekt der Verehrung in vorislamischer Zeit von großer Bedeutung. Fragmente der Gebäude in seiner Umgebung stammen noch aus der Zeit Mohammeds. Der gesamte Würfel wird niemals enthüllt, sondern von der *kiswah* bedeckt, einem schwarzen Tuch, auf das Verse der Schriften in Gold aufgestickt sind.

Die Hadsch findet zwischen dem achten und vierzehnten Tag des zwölften Monats des islamischen Kalenders statt. Dieser bezieht sich auf die Mondphasen und wechselt im Vergleich zum Sonnenkalender von Jahr zu Jahr. Bevor er die Grenzsteine zum heiligen Bezirk passieren kann, muss zuerst die muslimische Identität des Pilgers festgestellt werden. Er gelobt, weltlichen Handlungen zu entsagen, also Haare oder Nägel nicht zu schneiden, keinen Sexualverkehr zu haben, mit den Nachbarn freundschaftlich umzugehen und den Körper nicht durch Parfüm und Schmuck zu betonen.

Männer tragen den *ihram*, zwei einfache weiße Tücher ohne Saum, eines um die Hüfte, das andere um die Schultern gelegt, und Schuhe ohne Naht. Frauen müssen sich würdig kleiden, ohne dass es dafür genaue Vorschriften gibt. Eigens ausgebildete Führer helfen den Pilgern überall bei der richtigen Ausführung der Rituale.

Nachdem sie im großen Hof der Moschee angekommen sind, in der die Kaaba steht, küssen sie den schwarzen Stein, obwohl bei den riesigen Menschenmengen heute die meisten nur aus der Ferne winken oder rufen können. Dann umrunden sie ihn sieben Mal, was *tawaf* genannt wird. Wenn sie beten, so ordnet sich die halbe Million Pilger, die die Moschee aufnehmen kann, in konzentrischen Kreisen um die Kaaba – wie sich sonst die Muslime weltweit gen Mekka verneigen.

In Mina steinigen die Pilger die drei Säulen als Erinnerung an Abraham, der nach der Legende auf diese Weise den Teufel, der ihn versuchen wollte, vertrieb.

Dann geht es zur *say*, einem Weg zwischen den Hügeln al-Safa und al-Marwa, der sieben Mal durchschritten werden muss, womit die Gläubigen daran erinnern, wie Abrahams Frau Hagar nach Wasser für ihren Sohn Ismael suchte. Die 460 Meter lange Strecke ist längst kein steiniger Weg mehr, sondern eine Kolonnade mit Klimaanlage und zwei Pfaden mit Einbahnregelung für die Pilgermassen. Auch die heilige Quelle von Zamzam befindet sich noch im heiligen Bezirk und ihr bitteres Wasser wird begierig getrunken oder in Flaschen abgefüllt und mit nach Hause genommen.

Als Nächstes folgt einer der wichtigsten Teile der Hadsch – nicht in Mekka, sondern am Berg des

Auch wenn die Dunkelheit schon hereinbricht, setzen die Mekka-Pilger die *tawaf,* ihre rituellen sieben Runden um die Kaaba, fort. Danach verneigen sie sich zum Gebet.

Mitleids in Arafat, einer trostlosen Ebene etwa 18 Kilometer östlich der Stadt. Hier hat der Prophet seine letzte Predigt gehalten. Einen ganzen Tag lang – »der Tag, an dem man vor Gott steht« – widmen sich die Pilger in der Moschee von Namira dem Beten und Fasten, doch nur bis zur Stunde des Abendgebets. Wie in einer großen Welle streben dann Flotten von Taxis und Bussen weg aus Arafat. Bevor sie gehen, lesen die Pilger noch 49 kleine Steine auf, mit denen sie in den nächsten drei Tagen, den Tagen des *tashriq,* die drei Säulen von Mina steinigen, einer winzigen Stadt, die vorübergehend zu einer gigantischen Zeltstadt anwächst. Diese Steinigungszeremonie findet sich nicht im Koran, vielmehr soll sie daran erinnern, wie Abraham Steine auf den Teufel warf, der ihn dazu verleiten wollte, das Gebot Gottes zu missachten, als er seinen Sohn opfern sollte. Auch hier führen eigens Wege zu der Stätte, damit sie die Pilger leichter erreichen können.

Bald darauf folgen die rituellen Schlachtungen der Tiere, ein Opfer, das Muslime der ganzen Welt zur selben Zeit darbringen. Angesichts der Pilgerzahl werden mehr als eine Million Lämmer und Zicklein getötet. Aber immer gibt es wesentlich mehr Fleisch, als die Pilger essen oder verschenken können, sodass die Beseitigung der Kadaver zu einem Problem für die saudischen Behörden geworden ist.

Am Ende dieser vielen Rituale kehren die Pilger nach Mekka zurück und umrunden noch einmal die Kaaba. Dann schneiden Barbiere drei Haare vom Kopf jedes Pilgers. Viele reisen anschließend weiter nach Medina, um das Grab des Propheten Mohammed in einer Moschee, die er dort gründete, zu besuchen. Schilder warnen die Gläubigen davor, sich vor dem Grab des Propheten und seiner Nachfolger auf den Boden zu werfen, denn wie heißt es doch in der Schrift: »Es gibt keinen Gott außer Allah, und Mohammed ist sein Prophet.«

Spirituelle Reisen

Nach dem Ende der Zeremonien in Mekka reisen die meisten Pilger schnell wieder nach Hause, beladen mit Souvenirs: Datteln aus Medina, Flaschen voller *Zamzam*-Wasser. Viele, wahrscheinlich die Mehrzahl, fühlen sich geistig erneuert, aber die Empfindungen, die eine Hadsch auslöst, können beträchtlich voneinander abweichen. Einige Muslime sind verwundert darüber, wie unterschiedlich sich die Welt des Islam darstellt. Pilger aus Westafrika folgen jahrhundertealten Routen, reisen vielleicht bewusst zu Fuß oder auf Kamelen an, während sich die neuen Zentren des Islam der Vergangenheit nicht so verbunden fühlen.

Auch theologische Unterschiede treten zutage, vor allem die Haltung der Schiiten, dass die Gräber von Imamen (Muslimführern) und Heiligen als geheiligte Orte gleichberechtigt neben Mekka stehen und ebenfalls besucht werden müssen. Einige islamische Intellektuelle wehren sich allerdings dagegen, die Bedeutung von Mekka in der strengen Befolgung der Rituale zu ersticken.

Dennoch ist nicht von der Hand zu weisen, dass für die große Mehrheit der gläubigen Muslime die Hadsch eine einmalige Gelegenheit ist, in die geistige Welt des Islam einzutauchen und die fünfte Säule zu errichten, die den Glauben aufrechterhält.

Und haltet fest am Seile Allahs und seid nicht untereinander gespalten, und gedenkt der Gnade Allahs gegen euch, da ihr Feinde wart und Er eure Herzen so zusammenschloss, dass ihr durch seine Gnade Brüder/Schwestern wurdet. ... So macht Allah euch Seine Zeichen klar, ... (Koran, Sure 3:103)

Der Islam beweist, dass von einer Pilgerreise, wie er sie allen Gläubigen als heilige Pflicht auferlegt, eine starke Kraft ausgeht. Sie unterstreicht das Gefühl für die universelle Verbundenheit und Einheit in einer Religion, die durch regionale Konflikte immer wieder in Zwiespalt geraten kann.

Die wichtigsten Stätten des heiligen Bezirks von Mekka sind auf dieser türkischen Miniaturmalerei aus dem 17. Jahrhundert zu sehen. Damals dauerte die Pilgerfahrt nach Mekka viel länger als heute und weit weniger Muslime konnten sie machen.

Ein tibetischer Buddhist führt bei der anstrengenden Umrundung des Kailash die Hände zum Gebet zusammen. Seine Gebete vereinigen sich mit denen der Anhänger dreier anderer Religionen, die zum heiligen Berg kommen.

MOUNT KAILASH

**Für die Gläubigen
vier verschiedener
Religionen ist
das Zentrum
der Erde – ihr
Nabel – der
6700 Meter hohe Kailash im
Südwesten Tibets. Geformt wie
eine Pyramide mit einer gleißenden Schneespitze ist dieser Hima-
laja-Gipfel einer der höchsten, ein-
samsten und kärgsten Orte der Welt.**

Die Gebetsmühle unterstützt tibetische Buddhisten dabei,.
ihre religiösen Pflichten zu erfüllen. Bei jeder Umdrehung
gilt ein im Innern eingeschlossenes Gebet als gesprochen.

TIBET

HIMALAJA

Mount Kailash

Delhi

NEPAL

Kathmandu

BHUTAN

Allahabad

Ganges

Benares (Varanasi)

BANGLADESCH

Kalkutta

Mitten aus der unfruchtbaren Landschaft des westlichen Tibet ragt wie ein strahlender Zuckerhut ein Massiv empor, das von buddhistischen Klöstern umringt, von Winden gepeitscht und von langen Bändern wandernder Pilger umrundet wird. In dieser Gegend entspringen vier der wichtigsten indischen Flüsse: Indus, Sutlej, Brahmaputra und Karnali, was den Mythos des Berges noch verstärkt.

Eine anstrengende Glaubensreise

Buddhisten, Hindus, Jaina und Bönpo zieht es in die Einsamkeit. Die Reise zum Kailash, auch Kailasa genannt, ist beschwerlich – und nachdem China

Tibet besetzt hält (seit 1959), ist sie noch schwieriger geworden. Trotzdem wagen immer mehr Menschen den Weg zum großen Berg des Universums, der Künstler und Literaten inspirierte. So ist etwa der bedeutende buddhistische Tempel Borobudur auf Java dem Kailash nachempfunden.

Auch Hindus machen sich in organisierten Gruppen auf. Sie überqueren die vereisten Pässe an der Grenze zwischen Tibet und Indien, umrunden den Berg, der ihnen als Sitz des Gottes Shiva gilt, und baden in dem See, der aus dem Geist des Gottes Brahma entstand. Buddhisten reisen in ähnlicher Weise zu dem schneebedeckten Berg. Nach Auffassung der meisten Asiaten bildet er den

Mittelpunkt des Universums – verankert in der siebten Hölle und so gewaltig, dass er durch die Erde und ihre Lufthülle bis in den höchsten Himmel ragt. Die Jaina verehren ihn, da Rishabhanatha, der Begründer ihrer Religion, auf dem Gipfel seine geistige Befreiung erlebte. Die Bönpo, Anhänger der alt-tibetischen Bön-Religion, sehen im Kailash den neunstufigen Swastika-Berg, die mystische Seele der Welt. Ein natürlicher Spalt im Nordhang wird traditionell als Swastika, das alte Symbol der Sonne und Wiedergeburt, interpretiert.

Der tibetische Buddhismus

Von allen genannten Religionen besitzt der Buddhismus in Westtibet die größte Bedeutung. Dient im Zen-Buddhismus eine Pilgerreise der Belebung des Geistes, so hat der tibetische Buddhismus Pilgerreisen geschaffen, die zu Orten mit einer tiefen Symbolik führen. Der Kailash ist der wichtigste unter ihnen, »das Mandala der Höchsten Glückseligkeit«.

Der heilige Berg ist eng verwoben mit einem heiligen Text und ihn zu umrunden bedeutet, eine

Der konische Gipfel des Mount Kailash (rechts) beherrscht die windgepeitschte Landschaft genauso wie die Gedanken und Hoffnungen der Pilger, die sich ihm rituell nähern.

Die scharfen Winde des Himalaja hinterlassen ihre Spuren in der Landschaft und Vegetation, aber auch in den Gesichtern der Menschen, die hier leben.

Der Weg zum Kailash, den Buddhisten, Bönpo, Jaina und Hindus beschreiten, ist lang und beschwerlich, ob in einem Fahrzeug oder zu Fuß zurückgelegt. Der Berg ist schon aus großer Entfernung zu erkennen und motiviert die Pilger.

Das Zeltlager der Pilger auf der Hochebene des Himalaja bietet wenig Schutz vor dem ständigen, schneidend kalten Wind und dem gleißenden Licht. Viele Menschen haben außerdem Probleme mit der Sauerstoffarmut in der Höhe.

Reise durch ein heiliges Land zu unternehmen, in dem schon viele Götter gewohnt haben.

Lama Anangarika Govinda, der bekannteste zeitgenössische Führer am Kailash, schrieb in seinem Buch *Der Weg der Weißen Wolken*: »Jener, der das *parikrama* ausführt, die rituelle Umrundung des heiligen Berges in perfekter Hingabe und geistiger Konzentration, durchquert einen vollen Zyklus von Leben und Tod.« Der 48 Kilometer lange Weg um den Kailash ist deshalb gleichermaßen

eine physische wie meditative Reise. Der in Tibet verehrte Heilige Milarepa wanderte vor fast tausend Jahren in der Grenzregion zwischen Tibet und Nepal. Eines seiner vielen Lieder erzählt die Geschichte der Felspyramide. Es berichtet, wie Milarepa dem Bön-Schamanen Naro Bönchung am Abhang des Berges begegnete und wie der Schamane alle Zauberwettbewerbe verlor, die bestimmen sollten, welche Religion den Berg für sich beanspruchen könne. Immer noch sollen auf dem Weg Spuren dieses gigantischen Kampfes zu erkennen sein.

Fast tausend Jahre prägte der Buddhismus die Menschen und das Land, ehe die Chinesen im Jahr

Der Weg zur heiligen Stätte

Im milden Licht der sinkenden Sonne tritt er in das rote Tal des Amitabha ein, durchschreitet die Türen des Todes zwischen den dunklen nördlichen und den vielfarbigen östlichen Tälern, wenn er zum großartigen Dolma La hinaufsteigt, dem Pass der Tara, der Retterin – dann steigt er als neugeborenes Wesen ab in das Tal von Akshobya östlich des Kailash, wo der Dichterheilige Milarepa seine Hymnen komponierte und von wo der Pilger wieder in die sonnigen, offenen Ebenen des Südens zurückkehrt, das Reich des Dhyani-Buddha Ratnasambhava, dessen Farbe Gold ist.

Lama Anagarika Govinda

1959 Tibet ihre neue Ordnung aufzwangen. Vor den Zerstörungen der chinesischen Besatzungstruppen und der Kulturrevolution gab es in dieser Gegend einige bedeutende buddhistische Klöster. Obwohl manche wieder aufgebaut oder restauriert wurden, liegen die meisten weiterhin in Ruinen. In den 1960er- und 1970er-Jahren mussten die Pilger ihre Rituale im Geheimen ausführen, den Berg meist in einer einzigen Nacht umrunden. Doch auf diese Weise wurde trotz rigider religiöser Unterdrückung die Würde des Ortes im Bewusstsein der Menschen bewahrt.

Früher zogen Karawanen von Packtieren über die abweisende Hochebene des westlichen Tibet, die Pilger waren viele Monate, ja jahrelang unterwegs. Heute kommen die meisten in Lastwagen, die auf holprigen Straßen, eine chinesische Neuerung, durchs Land rumpeln. Dennoch bleibt die Reise anstrengend und zeitaufwendig, die Entfernungen sind enorm und die Fahrzeuge haben häufig Pannen. Alte und Junge, Männer und Frauen, Mönche, Nonnen und ganz normale Tibeter machen sich auf den Weg zum Berg. Buttertee und Gerstenfladen sind die Grundnahrungsmittel dieser Region und sättigen die Pilger, wenn sie am Abend neben der Straße ihre Zelte aufschlagen und etwas getrockneten Yakdung für ein Feuer sammeln. Die Tibeter haben ein Sprichwort: »Wer sich zu helfen weiß, kann auch in der Hölle bequem leben.« Besser ließen sich die Umstände dieser Reise kaum beschreiben. Das Weltliche und das Religiöse vereinen sich auf dem Weg, der ein Abenteuer wie auch eine Zeit des Nachdenkens und des Gebets ist. Aber niemand kann sich der Magie des Berges entziehen, wenn er zum ersten Mal in der kristallklaren Luft sichtbar wird.

Am Südfuß des Kailash liegt Tarchen (oder Darchen), seit Jahrhunderten Übernachtungsort der Pilger. Er besteht nur aus einigen einfachen Gebäuden, in die im Sommer Leben einkehrt, wenn tagaus, tagein Pilger und Händler ankommen oder abreisen. Die *kora*, die Umrundung des Berges, beginnt in diesem Ort. Schon eine einfache Umrundung soll von allen Sünden eines Lebens befreien, doch viele halten drei Runden durch, manche sogar 13, während Strenggläubige 108 Mal (eine Glückszahl im Buddhismus) kreisen. Um den Kailash an einem einzigen Tag zu umrunden, muss man lange vor Sonnenaufgang aufbrechen und ist zwölf bis 17 Stunden unterwegs.

Die »kora«

Ausgangspunkt der *kora* ist die zerstörte Burg, die Einsiedelei Ghu Ya sgang pa. Zunächst führt der Weg weiter Richtung Osten vorbei am Kloster des Buddha-Throns, in dem Buddha Sakyamuni den heiligen Text der Lankavtara-Sutra rezitiert haben soll. Fußabdrücke des Buddha und von 500 seiner ersten Schüler machen den Ort bemerkenswert. Weitere Spuren sind an den Hängen zweier Berge zu sehen, die zu beiden Seiten des Flusses Lhachu liegen und »Goldener Palast« und »Schwarzer Palast von Shambala« genannt werden. Dann steigt

Gläubige jeden Alters nehmen die Mühen des Pilgerweges auf sich. Auch als die Chinesen Tibet 1959 besetzten und die Reisen zu den heiligen Stätten untersagten, lebte die Tradition, wenn auch lange nur im Geheimen, weiter.

der Weg zum Drolma-Pass (sGrolma-La) an, von dem aus man den heiligen See Yokmo Tso sieht. Nun geht es hinunter zum Palast des Tseringma und zum Palast des Medizinbuddhas, in dessen Umgebung viele Heilpflanzen wachsen. Statuen hinduistischer und buddhistischer Heiliger säumen den weiteren Weg bis hin zum Kloster Gyangdrak (rGyangs grags), der letzten Station der Runde.

Gebetsfahnen, die von den zahllosen Pilgern hinterlassen wurden, die diesen Bergpass im Himalaja bereits überquert haben. Sie zeigen, wie lange der Mount Kailash schon seine Anziehungskraft ausübt.

Den Hindu-Pilgern ist es nicht so wichtig, den Berg zu umrunden; viele sind zufrieden, wenn sie vom See Manasarovar aus den Kailash sehen. Sie empfinden dies als *darshan*, als Erfahrung der Anwesenheit der Überirdischen.

Eine wesentlich höher gelegene, »innere« *kora* zieht sich um den eigentlichen pyramidischen Gipfel. Der Weg führt über einen hohen Pass auf der Südseite des Berges und dann hinein in ein großes natürliches Amphitheater (und dieselbe Strecke wieder zurück). Um diese Route nehmen zu dürfen, muss ein Pilger besonders vorbereitet sein und 13 äußere *kora* bewältigt haben.

Die Gläubigen treten hier mit den unsichtbaren himmlischen Kräften in Kontakt, die in dieser Bergwelt walten – und zwar in der Gewissheit, dass die Realität auf unterschiedlichen Ebenen existiert, die nicht alle sinnlich wahrnehmbar sind. Wie das Licht und die Felsen fantastische Visionen erwecken, so ist die sichtbare Realität bei der Umrundung des Berges »eine Illusion, ein Traum, eine Feenstadt im Himmel«, wie der buddhistische Lehrer Nagarjuna sagte.

Entlang des Weges gibt es Orte, an denen sich die Pilger voller Demut auf den Boden werfen. Gebetsfahnen flattern auf den Pässen und sollen die Götter, die nach dem alten tibetischen Glauben die Beschützer der Pfade sind, gnädig stimmen. Viele Pilger drehen unterwegs Gebetsmühlen, in denen sich Zettel mit Gebeten befinden, die bei jeder Umdrehung als gesprochen gelten. Kleine Steinhaufen säumen in langen Reihen den Weg. Sie sind sichtbare Zeichen vieler frommen Gebete, ähnlich den Gebetsketten, die die Menschen an ihrer Kleidung befestigt haben. Jeder Schritt auf dem Weg, jedes Klettern über einen Felsen wird zu einem religiösen Opfer.

Die Bönpo-Pilger aus dem Südosten Tibets haben bereits eine lange Reise hinter sich, wenn sie ihre Umrundungen beginnen. Sie gehen gegen den Uhrzeigersinn und damit in entgegengesetzter Richtung zu den Buddhisten. Pilgernde Hindus sind meist wohlhabende Leute aus den indischen Städten und benötigen eine Sondergenehmigung, um die Reise anzutreten. Sie kommen per Bus durch die Berge nach Tarchen. Auf dem Rücken von Yaks oder Pferden oder ebenfalls zu Fuß machen sich auf den langen Weg.

Der Spiegel des Kailash

Die Klöster hatten meist zwei Orientierungspunkte: den Kailash und seinen »Gegenpol«, den riesigen See Manasarovar, in dem der Legende nach die Mutter des Buddha, Königin Maya, badete, um sich zu reinigen, bevor sie ihren Sohn, den späteren Buddha, empfing. In dem See spiegelt sich der Berg in seiner ganzen Herrlichkeit. Der See liegt in einer Höhe von 4558 Metern und ist der höchstgelegene Süßwassersee der Erde. Seit mindestens 3000 Jahren wird er als heiliger Ort verehrt.

Die tibetischen Buddhisten verehren den Manasarovar als mythische Mutter, während Kailash der Vater ist. Symbolisiert der Berg die Sonne, so steht der See für den Mond. Er ist ein flüssiger türkisfarbener Spiegel, idealer Ort der meditativen Betrachtung. Auch Hindus verehren den See seit vielen Jahrhunderten. Seine gewaltigen Ausmaße, 22 Kilometer in der Länge und 50 Kilometer im Umfang, sowie sein felsiges Ufer erschweren eine Umrundung. Während Buddhisten sich in seinem Anblick in Meditationen versenken und sein Wasser trinken, ist es für Hindus wichtig, in dem eiskalten Wasser zu baden.

Lebendige Tradition

Trotz der Unterdrückung der chinesischen Behörden lebt der Buddhismus in Tibet weiter. Seit dem Jahr 1980 lassen die Chinesen Besuche von Pilgern und Touristen zu, haben Herbergen gebaut und zerstörte Klöster und religiöse Stätten wieder hergerichtet. Wegen der anstrengenden Reise kommen nicht sehr viele, nur Menschen mit einem starken Willen machen sich auf. Jedes Jahr sind es einige Tausend, manchmal auch Zehntausend, die zu Fuß, aber auch in modernen Jeeps anreisen, um den Schwierigkeiten der Pfade rund um den heiligen Berg zu trotzen und im See zu baden. Da der Kailash nun in den ersten Touristen- und Trekkingbroschüren auftaucht und diese auch im Internet beworben werden, besteht die Gefahr, dass er seine stille Einzigartigkeit verliert.

Den Kailash zu erreichen, heißt seine ganze Willenskraft aufzubieten. Mag es manchem als Aberglaube vorkommen, so ist dennoch die Umrundung selbst schon eine Form aktiver Meditation. Der Geist konzentriert sich auf die Achse und zieht den Einzelnen in die kosmische Welt. Er wird Teil eines großen Ganzen. Wer zum Mount Kailash pilgert, sollte sich für Veränderungen offen halten, die die Reise und das Ziel mit sich bringen.

Bei einer wahren Pilgerreise wird der Mensch aus seinem alltäglichen Dasein in eine Welt jenseits des eigenen Ego transportiert. Die Pilger der vier Religionen erfahren in der *kora* das Erwachen ihres inneren Selbst. Für die gläubigen Pilger ist das Erlebnis des Mount Kailash überaus bewegend. Doch weit stärker als alle Gefühle ist die Erkenntnis, dass der Glaube tatsächlich Berge versetzen kann, den Gipfel in das Reich des Göttlichen hebt und damit ein Symbol für die Vereinigung der gesamten Schöpfung vor den Augen der Pilger entsteht.

Schnee, Eis und Wind haben über Millionen von Jahren die Landschaft des hohen Himalaja in Tibet geformt und damit den physischen wie metaphorischen Hintergrund indischer und tibetischer Glaubenssysteme geschaffen.

Frauen aus Maharashtra ruhen sich auf dem Pilgerweg zum Vithoba-Tempel in Pandharpur aus. Für sie ist der Weg genauso wichtig wie das Ziel, das Heiligtum selbst.

VIERZEHNTE REISE

PANDHARPUR

Die im westindischen Bundesstaat
Maharashtra gelegene Kleinstadt
Pandharpur, aber auch ihre Umgebung sind alljährlich das Ziel von Tausenden hinduistischen Pilgern. Um alle
Facetten dieser berühmten religiösen
Reise zu erfahren, folgen sie einer hunderte Kilometer langen Route, an der sie
in bestimmten Heiligtümern beten, ehe
sie zum Tempel des Vithoba gelangen. So
gestaltet sich der Weg zu einem bewegenden
Erlebnis und wird
genauso wichtig wie der
Besuch des Tempels selbst.

Üppig dekorierte Wagen und bunte Prozessionen gehören
zur Verehrung und Huldigung der zahllosen indischen
Gottheiten. In Pandharpur wird Krishna in der Inkarnation
des Vithoba verehrt.

Manche Pilger mögen mit einem konkreten Anliegen nach Pandharpur aufbrechen – zur Buße, um Heilung zu suchen, um die Hilfe der Götter für das nächste Leben zu erflehen –, doch viele bewegt eine tiefe Verehrung der Götter und die Ehrfurcht vor den traditionellen Werten. Auf ihrem Weg aber machen viele Hindus die Erfahrung, dass die Reise selbst zur spirituellen Offenbarung werden kann.

Verehrung für Krishna und Vithoba

Jedes Jahr steht die 320 Kilometer südöstlich von Mumbai (Bombay) gelegene Kleinstadt im Mittelpunkt zweier religiöser Feste. Die große *yatra*, die Pilgerreise, erfährt ihren Höhepunkt am Fluss Bhima und zwar am »hellen elften Tag« des Mondmonats Asadha, der gegenwärtig in den Juni und Juli fällt. Viereinhalb Monate später wandern die Hindus in entgegengesetzter Richtung nach Alandi. Die Tempelstadt am Ufer des Indrayani markiert das westliche Ende eines traditionellen Weges, der die beiden Orte verbindet, in denen Krishna und seine Inkarnation Vithoba verehrt werden.

Vithoba und Pundalik

Eine alte Legende erzählt die Geschichte von Vithoba und weshalb er in Pandharpur und Alandi verehrt wird. Danach soll dem erwachsenen Krishna (Vishnu) seine Jugendliebe Radha erschienen sein. Der Gott verließ daraufhin seine Frau Rukmini und suchte Radha in den Wäldern von Maharashtra, fand sie aber nicht. Vielmehr stieß er auf einen jungen Mann namens Pundalik am Ufer des Bhima. Zunächst kümmerte sich dieser weiter um seinen alten Vater, dem er gerade die Füße massierte und schenkte Krishna keine Beachtung. Erst als der Gott ihn durch magische Kräfte bannte, warf ihm Pundalik einen Ziegelstein über die Schulter hinweg zu, damit Krishna nicht mehr auf dem

Mit heiterer, lauter Musik folgen die Pilger der Route, die Pundalik zu einer Hütte am Ufer des Flusses Bhima genommen hatte, wo er auf den Gott Krishna traf.

feuchten Boden stehen musste. Dies beeindruckte den Gott so sehr, dass er die Suche nach Radha aufgab, Rukmini zu sich rief und an der Stelle verweilte. Bis heute steht das göttliche Paar dort – als Tempelstatuen auf dem Stein, die Hände auf die Hüften gestützt. Die neue Inkarnation Krishnas nannte man Vithoba.

Da die Götter an ihrem Platz verharren, müssen die Gläubigen zu ihnen kommen. Auch Pundalik, der in jungen Jahren ein ausschweifendes Leben geführt hatte, gab ehrgeizige Pläne auf und widmete sich der Sorge um seine Eltern. An seinen Weg von Alandi nach Pandharpur erinnert heute die Pilgerfahrt. Im 13. Jahrhundert sind heilige Männer erstmals diesen Weg gegangen, um die neue Inkarnation Krishnas zu verehren. Ein kompliziertes Netz von Pilgerpfaden verbindet zudem 28 Orte in der Umgebung von Pandharpur mit dem wichtigsten Tempel, der an der Stelle von Pundaliks Hütte am Ufer des Bhima errichtet wurde. Heute kommen die meisten Pilger aus den weiten Ebenen Maharashtras, einige allerdings stammen aus den Fischergemeinden an der Küste. Und sie alle bezeichnen ihr Ziel als »Paradies auf Erden«.

Die Musik ist immer laut und grell, genau wie die
Farben der Prozessionswagen mit den Göttern,
die bei den Feiern in Pandharpur durch die Straßen geführt werden.

Der »helle Elfte«

Gegen Ende des Mondmonats Jyestha brechen die Anhänger Vithobas zur *yatra* nach Pandharpur auf. Am *sukla ekadasi* (»heller Elfter«) genannten Tag des Mondmonats Asadha ziehen sie in einer großen Prozession in die Stadt ein. Manche sind in Sonderbussen gekommen, doch die meisten gehen zu Fuß, zumindest einen Teil der Strecke. Es sind mehr als zehntausend. Fast alle sind in gut 30 organisierten Gruppen unterwegs, die *palkhi* genannt werden und sich in kleinere *dindi* unterteilen. Jede folgt ihrem eigenen Weg. So zieht das *palkhi* aus Alandi, die größte und am besten organisierte Gruppe, mit einer Statue des Hindu-Heiligen Janeshwar nach einem strengen Zeitplan über Poona, Jejuri, Lonand, Phaltan, Natepute, Velapur und schließlich Wakri, das nur wenig außerhalb von Pandharpur liegt. Wie lange die Pilger an den einzelnen Orten verweilen, ist von den Mondphasen des jeweiligen Jahres abhängig.

Die Organisation ist perfekt, bis hin zu den auf Lastwagen transportierten Vorräten und den genau berechneten Teilnahmegebühren. Die Gruppen aus kleineren Orten haben eine bei weitem nicht so ausgefeilte Planung, sondern nur ein Abmarsch- und ein Ankunftsdatum sowie eine ungefähre Vorstellung von der zu verfolgenden Richtung.

Früher fanden die Menschen durch mündliche Nachrichtenübermittlung zusammen, doch heute läuft die Koordination sogar über das Internet. So haben die Angestellten der Fluggesellschaft Air India zum Beispiel ihr eigenes *palkhi*, für das 1999 folgende Botschaft verbreitet wurde:

Alle werden sich beeilen, ein heiliges Bad im Fluss Chandrabhaga zu nehmen. Den Himmel erfüllen Rufe wie »Dyanoba Mauli Tukaram« oder »Jai Hari Vitthal«. Warkari mit Bannern, Gefolge und Musikgruppen, die Pilgerlieder singen, werden mit Leib und Seele bei dieser jährlichen Pilgerfahrt dabei sein. Gläubige und ihre Familien wünschen sich insgeheim,

am jährlichen »dindi« teilzunehmen und zumindest einige Schritte mit den anderen Pilgern zu Fuß zu gehen. Während wir weiterhin den Wünschen solcher Gläubigen nachkommen, werden die Angestellten von Air India selbst das vierte aufeinanderfolgende Dhakli Dindi feiern.«

Ausgewählte Mitglieder jedes *palkhi* tragen in Silber geschlagene Nachbildungen der Füße eines der Heiligen des Krishna-Kultes. Die Silberfüße werden auf einer Sänfte präsentiert und sollen an die Jahrhunderte zurückliegenden Pilgerreisen erinnern – und damit eine geistige Verbindung zu den Krishna-Anhängern der Jetztzeit schaffen. Auch andere Rituale beziehen sich auf die früheren Pilgerreisen. Immer führt ein Pferd ohne Reiter, gefolgt von einem mit Reiter, die Prozession an, ebenso machen die Menschen Jahr für Jahr an denselben Tempeln Halt, um zu beten.

Sobald schließlich alle in Wakri versammelt sind und sich begrüßt haben, vollziehen sie ein rituelles Mahl, dann macht sich die Menge auf den Weg nach Pandharpur, wo Vithoba in seinem Tempel auf dem legendären Backstein steht.

Die laute und überschwängliche Prozession durch die Stadt zum Heiligtum dauert den ganzen Tag. Zahllose Pilger warten geduldig sogar die Nacht hindurch in einer langen Schlange, um einige Sekunden lang Vithobas Füße zu berühren und seine göttliche Kraft zu empfangen. Wenn sie Glück haben, erhellt der Mond die Stadt, aber oft hat zu dieser Jahreszeit der Monsun bereits eingesetzt, der Wasserstand des Bhima ist angestiegen und das Baden nicht mehr empfehlenswert. Die Fischer von der Küste, die als Teil des Rituals ihre Boote mitgebracht haben, transportieren nun die Pilger zum Platz von Pundaliks Hütte. Während der Monsunzeit kann der Tempel dort bis zur Hälfte unter Wasser stehen, sodass die Pilger in den Kähnen kauern müssen, um durch den oberen Teil des Eingangs schauen zu können.

Pilger essen ihre Mahlzeit aus Reis und Gemüse von Tellern, die aus Blättern gefertigt sind, während sie in einer langen Schlange darauf warten, im Tempel die Statue Vithobas berühren zu können.

Nach dem »hellen Elften«

Sobald die Prozession vorüber ist, die Opfer dargebracht und die Segnungen Vithobas empfangen sind, lösen sich die Pilgergruppen erstaunlich schnell auf. Alle streben nach Hause. Sehr viel weniger Hindus machen sich auf die zweite Reise nach Alandi am anderen Ende des rituellen Weges. Diese beginnt sechzehn Wochen später am »hellen Elften« des Mondmonats Kartika und dauert zwei Wochen, sodass die Pilger am »dunklen Elften« beim Tempel ankommen. Sie ehren damit Jnaneshwar, einen der frühen heiligen Männer und wichtigsten Heiligen des Kults. Jene, die versprechen, diese doppelte Pilgerreise zu absolvieren solange sie leben, sind als *warkari* bekannt. Einige werden später vielleicht selbst zu heiligen Männern, die der materiellen Welt entsagen und sich ganz der rituellen lebenslangen Pilgerschaft verschreiben, die zu den prägenden Merkmalen des Hinduismus gehört.

Unter dem großen Baldachin und der hoch auf-
ragenden Kuppel des Petersdoms zelebriert der
Papst, der weltliche Stellvertreter Christi, die
Messe für die christliche Gemeinde aus Klerus,
Pilgern und Römern.

FÜNFZEHNTE REISE

ROM
Die Ewige Stadt

Auch wenn die Redensart »Alle Wege führen nach Rom« heute meist im profanen Sinn benutzt wird, um auszudrücken, dass verschiedene Wege zu einem Ziel führen, hat sie einen historischen Hintergrund: Seit römischer Zeit gab es unzählige Straßen, denen Pilger wie auch reuige Monarchen in die heilige Stadt am Tiber folgten.

ALPEN

Aosta
Vercelli
Pavia
Piacenza
Parma

MONACO

Lucca
Siena

APENNIN

Viterbo

Rom

ITALIEN

KORSIKA

SARDINIEN

MITTELMEER

SIZILIEN

Die barocke Fassade des Petersdoms mit geöffneten Türen, einschließlich der Heiligen Pforte, die nur in Jubiläumsjahren für Pilger offen steht.

Von Rom aus wurde in der Antike der größte Teil der westlichen Welt erobert, von Rom aus wurde ein Reich von Schottland bis nach Afrika und von Portugal bis Rumänien beherrscht. Die katholische Kirche mit Sitz im Vatikan, autonomes Territorium auf italienischem Boden innerhalb der Hauptstadt, sieht sich in direkter Nachfolge der frühen Jünger Jesu Christi. Ihr Oberhaupt, der Papst, beruft sich auf Petrus, dem, nach Interpretation der Amtskirche, Jesus selbst die Rolle des Sprechers unter den Aposteln übertragen hat.

Ewige Stadt, päpstliche Stadt

Es spielt keine Rolle, dass es in den letzten zweitausend Jahren Päpste und Gegenpäpste, Krieg führende Päpste und solche mit Syphilis gab, heilige Päpste und große Gelehrte unter den Patriarchen der Kirche, Päpste im Exil und einige, die durch Intrigen ermordet wurden. Trotz alledem wurde Rom bald nach seiner Blütezeit als antike Metropole auch als ein Ort verehrt, an dem angeblich Petrus und sein bekehrter Gefolgsmann Paulus in den Jahren 64 oder 65 wegen ihres Glaubens

Die Ewige Stadt. Dieses großartige Panorama von Rom mit der Kuppel des Petersdoms im Vordergrund sahen die Pilger, die eine lange und beschwerliche Reise über die Alpen und durch Italien hinter sich hatten, bei ihrem ersten Blick auf die Stadt.

hingerichtet und begraben wurden. Andere frühe Christen folgten ihnen im Martyrium.

Als Kaiser Konstantin im Jahr 313 die christliche Religion im Römischen Reich offiziell zuließ, gewann der Bischof von Rom eine führende Stellung in der sich rasch ausbreitenden Glaubensgemeinschaft. Heute ist er das Oberhaupt der römisch-katholischen Kirche. Die Abspaltung der Ostkirche sowie das Entstehen des Protestantismus im 16. Jahrhundert haben die Übermacht unter den christlichen Konfessionen nur wenig beeinflusst.

Wege nach Rom

Das bereits zitierte Sprichwort »Alle Wege führen nach Rom« ist zu Zeiten des Römischen Reiches geprägt worden, doch es galt auch für die christlichen Pilgerreisen des Mittelalters. Die *Via Romea* – auch als *Via Francigena* (»Der fränkische Weg«) bekannt – war die aus dem Norden kommende Straße, auf der Pilger schon seit undenklichen Zeiten reisten. Sie überquerten die Alpen auf dem San-Bernardino-Pass und folgten dem Weg über Aosta, Vercelli, Pavia, Piacenza und Parma, nah-

Die Straße verengte sich zu einem Hohlweg, in dem sich Soldaten bewegten. Doch selbst diese konnten die Konzentration auf die bevorstehende Offenbarung nicht ablenken. Der Tag war nun warm, große Bäume warfen ihren Schatten, der Ort verbreitete jetzt den Eindruck von Reichtum und Erhaltung. Bevor ich den Gipfel erreicht hatte, war der Dunst verschwunden.

Dort, vom Gipfel, zwischen den hohen Mauern der Villen zu beiden Seiten, direkt unter meinen Füßen, sah ich die Stadt.

Hilaire Belloc, »Der Weg nach Rom« (1902)

Unterhalb der Engelsburg am Ufer des Tiber in Rom segnet der Papst die heilige Ursula, die nach der Legende mit elftausend Jungfrauen zu einer Pilgerreise aufbrach und dabei einen grausamen Märtyrertod erlitt.

men verschiedenste Routen über den Apennin nach Lucca, Siena und Viterbo und von dort weiter nach Rom. Die ursprüngliche Bedeutung des Wortes *romeo* ist »ein Pilger auf dem Weg nach Rom«.

Die Pilger aus Großbritannien versammelten sich in Canterbury, um von Dover aus den Kanal zu überqueren und dann über Reims, Besançon und Lausanne weiterzureisen. Diese Route nahm im Jahr 994 auch Sigeric, der in Rom zum Erzbischof von Canterbury ernannt wurde. Seine Reise ist als eine der ersten beschrieben und dauerte auf dem Hin- und Rückweg jeweils 50 Tage, während sich der Bischof lediglich drei Tage in Rom aufhielt.

Wie moderne Pilger heute mit Quellwasser gefüllte Plastikflaschen aus Lourdes mitbringen, so brachten damalige Pilger aus Rom gekreuzte Schlüssel mit, das Symbol des heiligen Petrus, zu dem Christus gesagt haben soll: »Und dir übergebe ich die Schlüssel zum himmlischen Königreich.« Im Gegensatz zum Weg nach Santiago de Compostela (vgl. Achtzehnte Reise) sind heute nur wenige Zeugnisse der historischen Route erhalten. Die meisten Übernachtungsstätten sind spurlos verschwunden oder stehen als Ruinen längst vergessen da. Zu den wenigen bewahrten Bauten gehören jene in Altopascio bei Lucca und Poggibonsi unweit von Siena. Einige Pilger gehen oder fahren noch entlang der alten Route, doch ist dies in nichts vergleichbar mit dem Jakobsweg in Nordspanien, der als Pilgerweg mit Erfolg wieder belebt wurde. Nur Kirchen und Kathedralen sind machtvolle Erinnerungen: Das großartige Baptisterium in Parma war ein Hort für Pilger und die Skulpturen an vielen Kirchen verkörpern Themen wie Sünde und Buße. Auch sind Labyrinthe dargestellt, Zeichen für die Reise der Gläubigen auf der Erde.

Am Ende ihrer Route nahmen die mittelalterlichen Wallfahrer nicht den direkten Weg nach Rom, sondern kamen von Süden auf der jetzt *Via Trionfale* genannten Straße. So erlebten sie als erstes ein überwältigendes Stadtpanorama (s. S. 136/137).

Die ersten Pilger

Einige der frühesten Zeugnisse christlicher Pilgerreisen stammen aus Rom. Inschriften an den Wänden der Katakomben weisen auf religiöse Besucher aus dem 3. Jahrhundert hin. Hundert Jahre später, als das Christentum durch das Toleranzedikt von Mailand offiziell gebilligt war, schwoll der schwache Strom der Pilger zusehends an. Viele übernahmen vorchristliche Rituale, aßen zum Beispiel die *agápe* (»Liebesmahl«) bei den aufgebahrten Verstorbenen oder schliefen in einer Kirche in der Hoffnung, dass eine Krankheit geheilt würde.

Im Jahr 330 löste Konstantinopel Rom als kaiserliche Hauptstadt ab. Doch die alte Kapitale blieb die »Heilige Stadt«. Der dort residierende Papst sprach Recht über die gesamte christliche Welt. Später übernahm er den Titel *Pontifex Maximus*, »oberster Brückenbauer«, von dem ganz und gar nicht christlichen römischen Gaius Julius Caesar. Doch die Wallfahrer kamen nicht, um den Papst, sondern die Gräber der Märtyrer zu sehen, jener tapferen Männer und Frauen, die in den frühen und unruhigen Zeiten des Christentums für ihren Glauben gestorben waren. Heute ist nicht mehr so leicht nachzuvollziehen, was es bedeutet hatte, dass aus einer kleinen Gruppe religiöser Neuerer eine solch mächtige Kirche heranwuchs.

Die Pilger kümmerte die Machtpolitik der Kirche zunächst wenig. Sie erwarteten Wunder von den Reliquien der Märtyrer, von denen es in Rom mehr als genug gab. Nach und nach wurden die Gebeine aus den Katakomben in Kapellen und Basiliken gebracht, die im Rom des 7. und 8. Jahrhunderts erbaut wurden und die Vorläufer der heutigen Gotteshäuser sind. In dieser Zeit entstanden neben einem Netz von Straßen auch die Pilgerherbergen, die die Reise erleichtern sollten. In Rom eröffneten die *scholae* als Unterkünfte für Wallfahrer aus einem bestimmten Land. Die erste war die *Schola Saxonum* der Engländer, im Jahr 717 von Ina, König von Wessex, gegründet.

Doch man verehrte nicht nur die Gebeine der Heiligen. Durch Eroberungen und Schenkungen sammelten sich in Rom zahllose mehr oder weniger heilige und echte Gegenstände, von Splittern aus dem Heiligen Kreuz bis zu den Steintafeln mit den Zehn Geboten, die Moses empfangen haben soll. Die beiden bedeutendsten Attraktionen waren das *Sudarium,* interpretiert als das Tuch mit dem Abbild des Gesichts Christi, das ihm die heilige

Österreichische Pilger haben sich zu einer Messe in den nur von Kerzen erleuchteten Katakomben versammelt, um an die Leiden der frühen Christen zu erinnern, die in Rom für ihren Glauben sterben mussten.

Veronika auf dem Weg zur Kreuzigung gereicht hat, und die *Scala Santa,* die »Heilige Treppe«, in der Basilika San Giovanni in Laterano. Man sagt, diese Treppe stamme aus dem Haus des Pontius Pilatus in Jerusalem und Jesus sei sie am Abend vor der Kreuzigung hinaufgestiegen. Die Pilger rutschten diese Treppe auf den Knien hinauf.

Selbst das Alte Testament wurde in Anspruch genommen, um die besondere Stellung der Stadt zu belegen. Eine Beschreibung aus dem 12. Jahrhundert behauptete, die Stadt sei nicht von Romulus und Remus, sondern von Noah bei seiner Fahrt auf der Arche gegründet worden.

Schon die gigantischen Ausmaße des Petersdoms vermitteln den Pilgern das Gefühl der Übermacht der Kirche, wenn sie hierherkommen, um die Wurzeln ihres Glaubens zu suchen oder einmal den Papst zu sehen.

Die sieben Kirchen

Im 11. und 12. Jahrhundert kam der Ablasshandel in Mode: Den Gläubigen wurde angeblich Zeit im Fegefeuer erlassen, wenn sie gewisse Rituale einhielten oder Spenden ablieferten. In Rom legte man eine spezielle Straße am Rande der Altstadt an, die die sieben wichtigsten Kirchen miteinander verband: *San Pietro in Vaticano, San Paolo fuori le Mura, San Sebastiano, San Giovanni in Laterano, Santa Croce, San Lorenzo fuori le Mura* und *Santa Maria Maggiore.* Auch heutige Pilger folgen diesem Weg. In den Kirchen ruhen zahlreiche Reliquien und San Sebastiano ermöglicht den Zutritt zu den wichtigsten Katakomben, den unterirdischen Friedhöfen, die im frühchristlichen Rom große Bedeutung besaßen.

Die Überreste des heiligen Paulus wurden vermutlich 846 von arabischen Eroberern gestohlen, die den Sarkophag auf der Suche nach Gold und Silber plünderten. Dennoch sagt man, die Köpfe von Petrus und Paulus seien in einem fantastischen Reliquiarium auf dem Hochaltar von San Giovanni in Laterano aufbewahrt.

Nach der offiziellen Darstellung der Kirche ist der heilige Petrus unter der heute größten christlichen Kirche der Welt, dem Petersdom im Vatikan, begraben. In Wahrheit ist der Fischer Petrus niemals Bischof oder in Rom gewesen. Als Papst Pius XII. 1939 anordnete, den Boden der heiligen Grotten unter der Basilika auszuheben, damit dort ein Grab für seinen Vorgänger Pius XI. geschaffen werden konnte, wurde nicht nur der Boden einer Kirche aus konstantinischer Zeit gefunden, sondern auch ein altes Grabgewölbe unter dem Hochaltar. In den folgenden Kriegsjahren entdeckte man einen Friedhof mit christlichen und vorchristlichen Grabstätten. Viele Jahre später fand man das Skelett eines älteren Mannes neben dem größten unterirdischen Schrein und erklärte es kurzerhand zu dem des heiligen Petrus. Nachdem sie mehr als tausend Jahre verborgen war, entwickelte sich die alte Nekropole wieder zu einer der wichtigsten Pilgerstätten. Doch der Zugang ist schwierig zu organisieren – und teuer.

Kaiser Konstantin hatte im Jahr 324 damit begonnen, die reich verzierte Kirche über dem angeblichen Apostelgrab zu bauen. Ihr Glockenturm wurde von einem goldenen Hahn gekrönt, der nach der Legende krähen würde, wenn das Ende der Welt gekommen sei. Tausend Jahre später brach die Kirche zusammen und der Hahn wurde zerstört – lange vor dem Jüngsten Tag. Unter Papst Julius II. wurden nacheinander die Architekten Bramante, Raffael, Peruzzi, Sangallo und schließlich, im Jahr 1546, Michelangelo damit beauftragt, eine neue Kirche zu errichten. Jeder veränderte die

Ein junger Mönch spricht seine täglichen Gebete vor einer imposanten Kulisse, der Kuppel des Petersdoms. Rom hat immer auch Gelehrte und der Religion verbundene Intellektuelle als Pilger angezogen.

Pläne seiner Vorgänger, selbst vor Michelangelos Entwürfen macht man nicht Halt. 1626 konnte die Kirche geweiht werden – eine gloriose Demonstration architektonischer Kompromisse und ein Museum mit einer außergewöhnlichen Sammlung religiöser Kunst.

In dem gigantischen nordöstlichen Kreuzgewölbe befindet sich die Bronzestatue des heiligen Petrus, vermutlich aus dem 5. Jahrhundert. Ihr ausgestreckter Fuß ist durch die vielen Küsse der Pilger schon blank gewetzt. Über dem Hochaltar erhebt sich die dem Volumen nach größte Kuppel der Erde. Die rechte der riesigen Bronzetüren des Portals ist die Heilige Pforte (die jetzige stammt aus dem Jahr 1950), die nur zu besonderen Anlässen und in Heiligen Jahren geöffnet wird.

Jubiläen – Heilige Jahre

Das Wort »Jubiläum« stammt ursprünglich aus dem Hebräischen und bedeutet »Widderhorn«. Es bezieht sich auf ein Instrument, das wie eine Trompete geblasen wurde, um den Beginn der großen Feiern anzukündigen, die in Israel alle 50 Jahre abgehalten wurden. In einem solchen Jubeljahr wurden Sklaven freigelassen, Schulden abgeschrieben und umstrittenes Land einvernehmlich verteilt. Die Christen übernahmen die Idee der Jubiläen zur Zeit der Kreuzzüge. Im Jahr 1300 wurde das erste große Jubiläum in Rom begangen. Unter den Scharen von Festpilgern war auch Dante Alighieri, dessen *Divina Commedia* (»Göttliche Komödie«) sogar die Ostertage des Jahres 1300 einbezieht. Seit dieser Zeit hat man alle 50 Jahre (außer in Zeiten politischer Wirren) Heilige Jahre gefeiert.

Die Jahre 1500 und 2000 waren besondere Festjahre. Am Heiligen Abend des Jahres 1999 folgte der Papst der Tradition und öffnete im Rahmen einer Feier die Heilige Pforte als Zeichen, dass das Jahrtausendjubiläum begonnen hatte. Am Dreikönigsfest, dem 6. Januar 2001, wurde die Tür wieder geschlossen. In jenem Heiligen Jahr waren mehr als 20 Millionen Besucher nach Rom gereist.

Der Stadt und der Welt

Auf dem riesigen Petersplatz vor dem Vatikan und der Basilika, dessen Ausmaße jene des Kolosseums erreichen, können sich bis zu einer Viertelmillion Menschen versammeln. Manchmal kommen sogar noch mehr, denn hier trifft sich die Mehrheit der modernen Rompilger. Sie kommen vor allem, wenn der Papst an Sonn- oder hohen Feiertagen im Freien die Messe liest oder wenn er vom Fenster aus den Segen zelebriert. Dann drängen sich Gläubige und Neugierige, Nonnen und Priester, sonnengebräunte Rucksackreisende und an den Rollstuhl gefesselte Kranke auf dem Platz. An Ostern spendet der Papst seinen Segen »urbi et orbi«, »der Stadt und der Welt«, den die Medien für Millionen von Gläubigen übertragen.

Mit einer speziellen Eintrittskarte können Pilger auch die Papstaudienzen am Mittwochmorgen besuchen, die entweder draußen auf der Piazza (von Mai bis September) oder im Nervi-Auditorium des Vatikans stattfinden. Bei dieser Gelegenheit entfalten manche Pilger Fahnen jener Orte, aus denen sie angereist sind, sei es nun Cincinnati, Cusco, Köln, Coimbra oder Cork.

Während der Kult um die Heiligenreliquien verblasste, haben Roms historische Stätten und Kunstschätze sowie der Papstthron der Stadt den Status als erstes Pilgerziel der christlichen Welt bewahrt.

Eine große Menge hat sich auf dem Petersplatz versammelt, um mit Papst Paul VI. die Messe zu feiern. Die großen Apostelfiguren, die auf die Menschen hinunterblicken, sind grandiose Werke von Gian Lorenzo Bernini.

Die heilige Anna, die Mutter der heiligen Maria, wird in Frankreich ebenso wie im französischsprachigen Kanada seit langem verehrt. Ihre Kirche in Québec zieht allerdings auch seit 300 Jahren die Indianer aus der Region an.

SECHZEHNTE REISE

STE-ANNE- de- BEAUPRÉ

Die Mischung der Pilger und Touristen könnte bunter nicht sein: ganze Busladungen älterer Damen aus den Vororten Montréals, Schulkinder aus der Innenstadt des benachbarten Québec, Französisch sprechende Besucher aus Ontario oder dem Norden des Staates New York. Die Indianer kommen lieber in ihren Pickups, neben denen die in dicke Jacken gepackten Wintersportler schwungvoll ihre Allrad-Fahrzeuge einparken.

Die katholische Kirche Ste-Anne-de-Beaupré ist nicht nur die älteste in Nordamerika. Vielmehr steigerte auch die Lage in der Nähe von Québec, wo das Französische energisch gegen den Rest des Kontinents verteidigt wird, ihren Symbolcharakter. Und so wurde die heilige Anna ein Emblem des frankophonen Kanada gegen die Englisch sprechende Welt – ähnlich wie die Verehrung für die Jungfrau Maria von Tschenstochau Sinnbild des polnischen Nationalgefühls geworden ist.

Anna kommt nach Amerika

Die ersten Franzosen, die in Kanada siedelten, kamen vor allem aus der Bretagne und der Normandie. Viele von ihnen waren Fischer. Es gehörte zu ihrer katholischen Tradition, dass sie vor der Ausfahrt die Hilfe und den Schutz der Heiligen Maria oder Anna erbaten. Die Mutter Jesu wurde von den Künstlern im Nordwesten Frankreichs häufig als junges Mädchen dargestellt. Auf einigen Bildern ist sie eine aufmerksame Schülerin, auf anderen ein ungehorsames Schulkind und Mutter Anna die strenge Gebieterin. Die volkstümliche Heiligenverehrung fand im 17. Jahrhundert ihren Weg in das neu entdeckte und raue Kanada, wo sie sich, genau wie die Sprache, rasch verbreitete. Im frankokanadischen Raum, vor allem in Québec, aber auch in den Nachbarprovinzen sowie in den Staaten südlich der Grenze zu den USA existieren bis heute viele Kirchen, die der heiligen Anna geweiht sind.

Um das Jahr 1649 suchten einige Seeleute auf einem kleinen Kap am Nordufer des Sankt-Lorenz-Stroms, rund 36 Kilometer nordöstlich von Québec-Stadt, Schutz vor einem Sturm. Es war ein stiller Flecken Erde mit einer schönen Wiese, der *beau pré*, auf der die Männer später der heiligen Anna eine winzige Kapelle errichteten, wie sie es wohl auch in der Bretagne getan hätten. 1658 sollte eine neue Kirche erbaut werden. Noch während der Grundsteinlegung, so erzählt man, wirkte die Heilige das erste Wunder, indem sie einen Einheimischen von seinem Rheumaleiden heilte. Die hölzerne Kapelle aber wurde nie vollendet, da die riesigen Eisschollen des Flusses sie im Frühjahr wegschwemmten. Der Neubau an einer höher gelegenen Stelle weiter flussabwärts war 1669 fertig. Aus Frankreich kam eine Statue der Ste-Anne, die die kleine Maria auf dem Arm trägt. Bald schon löste die Nachricht wundergleicher Ereignisse einen großen Pilgerstrom aus.

Die erste Kirche aus Stein entstand 1676 und wurde etwa 200 Jahre später durch eine große Basilika ersetzt. Diese brannte 1922 aus, ihre Nachfolgerin 1926. Kurz danach erbaute man die gewaltige Kirche in ihrer gegenwärtigen Form. Es ist erstaunlich, dass die kleine Statue trotz aller Zerstörungen unversehrt blieb und zusammen mit einer Reliquie der Heiligen – ein Knochen aus dem Handgelenk, der 1892 mit den entsprechenden Papieren ausgestattet aus Frankreich in die Kirche gebracht wurde – die Gläubigen anzieht.

Die Pilgermassen in den Jahren um 1900 wurden nie mehr übertroffen, wenngleich auch der internationale eucharistische Kongress, der 1910 in Montréal stattfand, die Aufmerksamkeit der Welt auf Ste-Anne lenkte. Eine Beschreibung aus dieser Zeit hält fest: »Die roten Säulen der Kirche verlieren sich hinter dem wachsenden Berg von Stöcken und Krücken. Die Blinden lassen ihre schwarzen Augengläser zurück und dankbare Besucher schicken Votivtafeln oder teure Ringe, Armbänder und Ketten aus Gold und Edelsteinen.«

Die Indianer befrieden

Jesuiten und Franziskaner stellten die Verehrung der Heiligen in den Mittelpunkt ihrer missionarischen Tätigkeit unter den Indianern. Das wichtigste Volk in der Gegend waren die Micmac. Ihre Be-

Pilger versammeln sich vor der neoromanischen Basilika, die die sechste Kirche an diesem Ort ist, um zur heiligen Anna zu beten und ihre Heilkräfte zu erflehen. Im Winter machen viele einen Abstecher aus ihrem Skigebiet.

Schon vor hundert Jahren bewegten sich Pilger, die Buße tun wollten, auf den Knien die Scala Santa hinauf, eine Kopie des Originals in Rom. Diese Verbindung zum Vatikan erinnert die Québecer daran, dass sie einer Weltreligion angehören.

kehrung begann bereits in den frühen Tagen der französischen Kolonisation, als der Entdecker Samuel de Champlain 1600 Priester aus seiner Heimatstadt Brouage mitbrachte. Im Jahr 1610 wurde Membertou, der Häuptling der Micmac, zum Priester geweiht, woraufhin sein Volk ebenfalls zum Christentum übertrat. Um Vertrauen unter den Indianern aufzubauen, erklärten die Missionare, die heilige Anna sei nicht nur eine Großmutter für Jesus gewesen, sondern sie könnten sie als ihre eigene betrachten, woraufhin die Micmac alle ihre Kirchen und Missionsstationen nach ihr benannten. Selbst auf einer kleinen Insel in der Mitte des Lake Champlain, der nach dem Entdecker benannt ist und die Grenze zwischen den Staaten Vermont und New York bildet, steht eine Anna-Kirche.

Die letzte große Seeschlacht in der langen Auseinandersetzung zwischen Frankreich und Großbritannien um die Kontrolle Kanadas wurde 1760 vor Restigouche am Südufer der Gaspé-Halbinsel ausgefochten. Bis heute befindet sich dort das Zentrum der Micmac-Reservation. Und bis heute steht dort die Kirche Ste-Anne-de-Micmac, obwohl die Briten zunächst dafür sorgten, dass die französischen Priester deportiert wurden und Englisch sprechende Siedler das Land bekamen.

Micmac und Angehörige anderer indianischer Völker besuchen auch in großer Zahl Ste-Anne-de-Beaupré. Chroniken aus dem späten 17. Jahrhundert berichten, dass Gruppen von bis zu 18 Kanus auf dem mächtigen Sankt-Lorenz-Strom unterwegs waren. Die Indianer paddelten mit ihren Birkenrinden-Kanus an Land und gingen in Stille und würdiger Haltung zur Kirche, in der ihre Gebete in ihrer Muttersprache zwischen dem Latein der katholischen Messe zu hören waren. Heute gibt es nahe der Basilika für die Touristen Parkplätze für Wohnwagen und Campingplätze, die auch die Indianer benutzen, denn längst sind sie von ihren Booten auf moderne Fahrzeuge umgestiegen.

Heilungen und Geheilte

Außer der großen Basilika gibt es mehrere Kapellen in der Nähe jenes Ortes, wo Roms *Scala Santa* nachgebaut wurde. (Diese »Heilige Treppe« brachte Helena, die Mutter Konstantins, aus Jerusalem nach Rom. Sie soll jene Treppe sein, über die Christus vor der Kreuzigung im Palast von Pontius Pilatus gegangen ist.) Einige Pilger rutschen auf Knien die Treppe hinauf, obwohl es hier nicht vorgeschrieben ist. Andere beten hinter der Kirche am Kreuzweg, dessen Stationen von lebensgroßen Bronzefiguren dargestellt werden.

Viele Wallfahrer drängen sich um den Brunnen der heiligen Anna, weil sie sich von dem Wasser Heilung ihrer Beschwerden versprechen. Manche helfen auch behinderten Freunden und Verwandten in das Becken zu tauchen. Es wird von einer eindrucksvollen Zahl von Wunderheilungen berichtet, doch ist, wie in Lourdes, die katholische Kirche im 20. Jahrhundert wesentlich zurückhaltender in der Anerkennung von Wundern geworden. Und in der Klinik nahe der Kirche kümmert man sich mit ganz konventionellen Methoden um die Kranken.

Nach dem Bau der Steinkirche im 17. Jahrhundert hatte die Aufmerksamkeit zunächst nachgelassen und belebte sich erst in den 1870er-Jahren wieder. Diese Entwicklung ging einher mit einem weltweiten Aufschwung des Katholizismus, nachdem Pius IX. das Dogma der Unfehlbarkeit des Papstes durchgesetzt hatte. Damals begannen auch die Pilgerreisen nach Lourdes, der bedeutendsten Kirche der französischsprachigen Welt. In Québec erinnerte man sich seinerzeit, dass eine eigene »Wunderkirche« ganz nahe war und zudem noch viel älter als jene in Frankreich. Das starke Nationalgefühl, das Lourdes vermittelte, wirkte sich letztlich bis in jenes ferne französische Territorium aus, das Teil des britischen Empire war.

Heute kommen jedes Jahr über eine Million Pilger, in manchen Jahren sogar mehr als zwei Millio-

Die heilige Anna wird mit einem zum Segen erhobenen Finger dargestellt, der auch mütterliche Ermahnung gegenüber ihrer Tochter Maria bedeutet. Die Statue wurde 1669 aus Frankreich an das Ufer des Sankt-Lorenz-Stroms gebracht.

Die Pilger kommen vor allem zum Namenstag der heiligen Anna am 25. Juli und zu den Feiertagen der Jungfrau Maria – auch um den seit 350 Jahren bestehenden Zusammenhalt der französischsprachigen Welt zu demonstrieren.

nen. Sie gehen zur Messe und beten den Rosenkranz, teils am Kreuzweg (je nach Wetter) drinnen oder draußen, und sie steigen die Heilige Treppe hinauf. Am Namenstag der heiligen Anna (25. Juli) und zu Marienfesten sind es Tausende.

Sainte-Anne-de-Beaupré zählt zu den drei wichtigsten katholischen Pilgerstätten nicht nur in Québec, sondern in ganz Nordamerika. Die Besucher nehmen manchmal beträchtliche Entfernungen auf sich. US-Amerikaner etwa machen lange Busreisen, die den Märtyrerschrein in Ontario, die Fatima-Kirche im Staat New York und die anderen wichtigen Kirchen im Staat Québec, nämlich Beauvoir, Montréal, Trois Rivières und Sillery, einschließen. Letztlich lohnt sich die Reise auch wegen der außergewöhnlichen Landschaft in der Umgebung von Beaupré.

In der Tat hat Sainte-Anne-de-Beaupré zweimal im Jahr »Saison«. Viele Pilger kommen im warmen Sommer, zwischen Mai und Oktober, und ein weiteres Mal in den eiskalten Wintermonaten. Der Grund dafür ist nicht in einer besonderen Bußfertigkeit zu sehen, sondern in der banalen Tatsache, dass das bedeutende Skigebiet Mont Sainte-Anne nur sieben Kilometer nördlich der Kirche liegt. Die Urlauber kombinieren so das Religiöse mit dem Profanen. Und dies zeigt auch, wie stark der Kult der heiligen Anna in Québec verwurzelt ist.

Eine vergoldete Statue von Moroni, dem Engel, der Joseph Smith das »Book of Mormon« überbrachte, krönt den höchsten der massigen Granittürme des Mormonentempels im Herzen von Salt Lake City.

SIEBZEHNTE REISE

SALT LAKE CITY

Als Brigham Young 1847 die Mormonen-Pioniere westwärts führte, war sein Ziel, »ein Land, das sonst niemand wollte«, zu finden, in dem er und seine Gefolgsleute entsprechend den Vorschriften ihrer Religion leben konnten. Er fand es in Utah. Dort waren die Mitglieder der Kirche Jesu Christi der Heiligen der letzten Tage, die Young mitbegründet hatte, vor Verfolgungen sicher. Dort bauten sie die nach ihrer Meinung wahre christliche Kirche auf. Und bis heute ist Utah anders als der Rest des Landes.

Wer in Salt Lake City wohnt, wird immer daran erinnert, wie die Stadt von zielbewussten und zähen Pionieren gegründet wurde, die nur die Einsamkeit suchten und beträchtliche Schwierigkeiten auf sich nahmen, um ihr Leben nach eigenen Vorstellungen leben zu können. Die frühen Mormonen hatten noch wegen ihrer Religionszugehörigkeit zu leiden, da sie sich von den Regeln der christlichen Gesellschaft distanzierten und offen die Polygamie praktizierten. Salt Lake City, 1847 von Brigham Young gegründet, ist zu einem Mittelpunkt der Mormonengemeinschaft geworden, die auch eine weltweite Missionstätigkeit zu ihren Aufgaben zählt. Hier stehen jene Bauwerke, Kirchen und Mahnmale, zu denen viele der vier Millionen Mormonen pilgern.

Kahles, karges Land

Mitte des 19. Jahrhunderts stellte sich Utah sehr abweisend dar. Der Erkunder des Westens, John Frémont, hatte die Region beschrieben als ein Land mit einigen fruchtbaren Ecken, das aber vom Rest der Siedlungsgebiete abgeschnitten und zudem leer, trocken und unfruchtbar war. Die Große Tiefebene ist eine Gegend ausgetrockneter Seen mit enormen Salzflächen, umgeben von bizarren Gipfeln und tiefen Tälern. Die Wasserläufe besitzen

Panoramablick auf das heutige Salt Lake City. Für Brigham Young war dieses scheinbar unbewohnbare Land der beste Ort, um den Mormonen eine neue Heimat zu geben.

keinen Abfluss ins Meer, sondern verdunsten einfach irgendwo. Zwei Bergketten trennen das Land vom Rest der Welt ab. 1847 mussten auch die Mormonen diese überwinden, ehe sie in das Tal von Salt Lake City kamen. Nach Berichten war ihr Anführer Brigham Young von einem Fieber so geschwächt, dass man ihn aus seinem Wagen tragen musste, damit er das Land begutachten konnte. Er blickte über die karge Einsamkeit und sprach jene Worte, die jedem Mormonen bekannt sind: »Das ist genug. Dies ist der richtige Ort. Fahrt weiter.«

Vor diesem »Mormon Trail« waren nur wenige wagemutige Weiße auf der Suche nach Abenteuern und Pelzen hierher gekommen. Young bezahlte die einzige weiße Siedlung aus, eine kaum ein Jahr bestehende Ansammlung schäbiger Hütten, denn seine Pläne umfassten ein gigantisches Gebiet im Südwesten des nordamerikanischen Kontinents, das bis nach Kalifornien reichte und den größten Teil von Nevada und Arizona einschloss. Dieses Reich sollte den Namen *Deseret* erhalten, ein Wort aus dem Buch Mormon, das, so unpassend es scheint, »Honigbienen« bedeutet.

Doch das Land war bewohnbarer, als zunächst vermutet. Bald nach der Ankunft am Großen Salzsee pflügten die ersten Siedler den Boden, bauten Straßen, um Holz heranschaffen zu können, errichteten ein Fort gegen eventuell angreifende Indianer und einen einfachen Unterstand, in dem sie sonntags ihre Gottesdienste feierten.

Am 28. Juli markierte Young mit seinem Stock die Stelle, an der der Mormonentempel gebaut werden sollte. Um ihn gruppierte sich die Stadt, die 1833 von Joseph Smith, dem Gründer des Mormonentums, »nach dem Plan der Stadt Zion« entworfen worden war. Die 40 Meter breiten Straßen verliefen von Norden nach Süden und von Osten nach Westen, ausgerichtet auf den Tempelplatz.

Das neue Mormonenreich war gegründet worden. Als Schwierigkeit erwies sich, dass das Land

zu Mexiko gehörte und erst ein Jahr später, nach dem Vertrag von Guadalupe Hidalgo, zu Amerika kam. Die wenigen Indianer, die in der Gegend lebten, erwiesen sich kaum als Problem, denn Young verfolgte die Politik, ihnen lieber zu essen zu geben, als sie zu bekämpfen. So blieben die Beziehungen gut. In den nächsten Jahren machten sich weitere Mormonen auf den Zug nach Westen. Im Jahr 1855 war die anfängliche Zahl von 400 Siedlern schon auf 60 000 angewachsen.

Allerdings wies der Kongress der Vereinigten Staaten die Petition der Mormonen aus dem Jahr

Die Pilger in Salt Lake City halten das Andenken an den Kampf und das schwere Leben der frühen Mormonenfamilien, die nach Westen zogen, wach.

Museen, nachgebaute Pionierorte und markierte Wege, denen die frühen Mormonen gefolgt waren, lehren Besucher, wie trotz großer Widerstände ein Ziel erreicht wurde.

1849 zurück, das riesige Gebiet zu einem Staat zu erklären, erkannte Utah aber als Territorium an und machte Young zum Gouverneur. Doch der Regierung in Washington wurden die Mormonen immer verdächtiger, vor allem, als ihre Kirche offiziell die Polygamie einführte und einige militante Anhänger gewaltsam gegen ihre Gegner vorgingen. 1857 reagierte der Staat mit einer Militäraktion.

Bewaffnete Auseinandersetzungen hielten zehn Jahre an, arteten aber nie in Blutvergießen aus. Vielmehr wandelte sich die Lage ab 1869, als die Eisenbahn fertig gestellt war und viele Nicht-Mormonen in Utah siedelten, unter anderem um Bodenschätze auszubeuten. Dies sollte das Gesicht der Stadt verändern. Young hielt an der Auffassung fest, dass der Abbau von Erzen eine gottlose Beschäftigung sei, sodass die Mormonen an den erzielten Gewinnen kaum partizipierten. Gleichzeitig bemühte sich Utah weiter darum, als Bundesstaat anerkannt zu werden, doch die Polygamie blieb die wichtigste Hürde. 1879 fällte der Oberste Gerichtshof die Entscheidung, dass Polygamie der Verfas-

sung widersprach. Zu diesem Zeitpunkt war Brigham Young seit zwei Jahren tot und hatte 16 Frauen und 44 Kinder hinterlassen. Die Bundesbehörden gingen bis 1890 gegen die Mormonenkirche vor, bis diese völlig überraschend die Polygamie verurteilte – jedenfalls in der Öffentlichkeit. 1896 wurde Utah das 45. Mitglied des Staatenbundes.

Nach langen Zeiten wirtschaftlicher Depression stellte sich in Utah in den 1940er-Jahren neuer Wohlstand ein. Die Mormonenkirche entwickelte sich zu einer reichen und mächtigen Institution. Die Entdeckung von Uran 1952 löste eine Goldgräberstimmung aus, Waffen- und Raumfahrtindustrie schufen neue Arbeitsplätze. Heute sind noch 65 Prozent der Einwohner Utahs Mormonen. Der größte Teil des architektonischen Erbes von Salt Lake City wurde durch Neubauten ersetzt – aber für die Mormonenpilger blieb genügend erhalten.

Pilger zum Großen Salzsee

Die heutigen Pilger gehen in Salt Lake City auf Spurensuche. Sehr engagierte Mitglieder der Religionsgemeinschaft reisen zudem zumindest einen Teil des Pionierwegs nach, der in Nauvoo im Bundes-

Auf dem Denkmal für Brigham Young auf dem Tempelplatz sind die Namen der ersten Pioniere eingraviert. In der Innenstadt von Salt Lake City entspricht die Straßenführung noch den ursprünglichen Plänen von Joseph Smith.

Einer der berühmtesten Chöre der Welt in seinem Heimatort Salt Lake City: der Kirchenchor der Mormonen mit mehr als 300 Sängerinnen und Sängern.

staat Illinois beginnt und durch Iowa, Nebraska und Wyoming führt, bevor er mehr als 2000 Kilometer später Utah erreicht. 1997 spielten viele zum 150. Jahrestag den ersten Wagentreck nach. Von diesen Pionieren des Jahres 1847 waren viele unterwegs gestorben. Auf verschiedenen Routen hatten sie versucht, ihr Ziel zu erreichen. Einige verbrachten den Winter in Kanesville, Iowa, andere in Omaha, bevor sie sich in Fremont, Nebraska, wieder vereinigten. Militärische Disziplin hielt die Gruppe dann zusammen, und ein Schreiber hinterließ Bot-

Pionierpfade

In Utah angekommen besuchen die meisten Pilger zunächst den Emigration Canyon im Pioneer Trail State Park, durch den die erste Mormonengruppe zog. Dann geht es zum Tempelplatz nach Salt Lake City. Dieses 40 000 Quadratmeter umfassende Zentrum des mormonischen Glaubens ist von einer fünf Meter hohen Mauer umgeben. Im Innern findet man sich in einer Landschaft aus Gärten und architektonischen Fantasien wieder. Die sechs riesigen Türme des aus grauem Granit erbauten Mormonentempels überragen alles. Er wurde von Brigham Youngs Schwager Truman Angell entworfen und benötigte nach dem ersten Spatenstich 1853 40 Jahre bis zur Fertigstellung. Auf der Spitze des mit über 65 Metern höchsten Turms steht eine Statue des Engels Moroni, der nach der Legende Joseph Smith die goldenen Tafeln mit der Inschrift des »Buches Mormon« überbrachte. Smith fand sie 1822 in Palmyra im Staat New York. Wie alle Mormonentempel steht auch der in Salt Lake City nur praktizierenden Mitgliedern offen.

Mit dem Bau der gewaltigen Versammlungshalle wurde 1867 begonnen. Sie hat eine ausgezeichnete Akustik, die die Qualität des 325 Sänger umfassenden Mormonen-Chors noch unterstreicht.

Die Kirche unterhält Museen, Gedenkstätten für die Pioniere, frühe Häuser sowie Besucherzentren. Ziel vieler Besucher ist jedoch die öffentliche Bibliothek. Sie ist das weltweit größte genealogische Zentrum. Die Ahnenforschung ist eine wichtige Säule des Mormonentums, das davon ausgeht, dass die Familie auch über den Tod ihrer Mitglieder hinaus zusammenbleibt. Es gilt Mormonen deshalb als heilige Pflicht, soviel wie möglich über ihre Vorfahren in Erfahrung zu bringen, um sie in ihr Leben einzubeziehen. So stehen für viele Mormonenpilger nach Salt Lake City ihre Vorfahren und die Familiengeschichte genauso im Zentrum ihres Interesses wie die historischen religiösen Stätten.

schaften und Markierungen für jene Siedler, die ihnen folgen wollten. Einige dieser Posten, wie der in Fremont, sind nun nachgebaut worden, um der Pioniere zu gedenken, die in von Pferden oder gar von Hand gezogenen Wagen in den Westen aufbrachen, während die heutigen Pilger zur Besichtigung in Autos mit Klimaanlagen anreisen.

Der große Moment: Der Pilger erblickt nach seiner beschwerlichen Wanderung durch unwegsame Gebirgsgegenden und grüne Täler zum ersten Mal sein Ziel: Die Stadt Santiago de Compostela mit dem Grab des Apostels Jakobus des Älteren.

ACHTZEHNTE REISE

SANTIAGO de COMPOSTELA

Die Anziehungskraft der Grabstätte des heiligen Jakobus in Santiago de Compostela ist nach wie vor ungebrochen. Seit mehr als tausend Jahren begehen Pilger aus nahezu ganz Europa den alten Jakobsweg, der einen rund 800 Kilometer langen Abschnitt im Norden der Iberischen Halbinsel umfasst und über die Gipfel der Pyrenäen zu den grünen Landschaften Galiciens führt. Die Pracht der Kathedrale von Santiago steht für die Freude der Gläubigen am Ende der Reise.

In Santiago de Compostela im äußersten Westen Spaniens befindet sich das Grab des Apostels Jakobus des Älteren, Bruder des Evangelisten Johannes und Spaniens hoch verehrter Schutzpatron. Nach Jerusalem und Rom ist Santiago – der spanische Name für Jakobus – die bedeutendste Pilgerstätte der Christenheit.

Der beschwerliche Pilgerweg

Tausende von Gläubigen legen alljährlich im Sommer wenigstens einen Teil des alten Pilgerpfades zu Fuß zurück. Während im Mittelalter für die gläubigen Christen Santiago das Ziel war und der mühsame Weg der Läuterung und Buße diente, steht für die Jakobspilger der Gegenwart die Wanderung selbst im Vordergrund. Im Winter beginnen

---

Pilger beten auf Knien in Roncesvalles, dem Pyrenäen-Pass nahe des Schlachtfeldes, wo der heilige Roland den Märtyrertod starb. Die Renaissance der Pilgerfahrt in der heutigen Zeit ist ein bemerkenswertes religiöses Phänomen.

nur die wagemutigsten und frömmsten Wallfahrer ihre Reise. In den Gebirgsgegenden von León und Astorga müssen die Wanderer viel Ausdauer beweisen, die heißen Temperaturen im Sommer überstehen oder die von Schnee bedeckten Berge im Winter und Frühling überwinden. Die Überquerung der Picos de Europa stellt eine weitere Hürde dar. Die Anstrengungen der Reise werden jedoch mit atemberaubenden Ausblicken belohnt und der mühevolle, einst auch gefährliche Weg zum Heiligtum kann selbst heute das Gefühl der Befreiung der Seele vermitteln. Angesichts der Strapazen und Gefahren der Unternehmung entstand vor rund tausend Jahren ein Gebet, mit dem die Menschen Gott baten, dem Pilger beizustehen:

»Herr, begleite und beschütze den Pilger auf seinem Weg, gib ihm Kraft, wenn er schwach ist, verteidige ihn in Gefahr, spende Schatten an heißen Tagen, Licht in der Dunkelheit, Trost in Momenten der Verzweiflung und verleihe ihm Beständigkeit in seinem Vorhaben.«

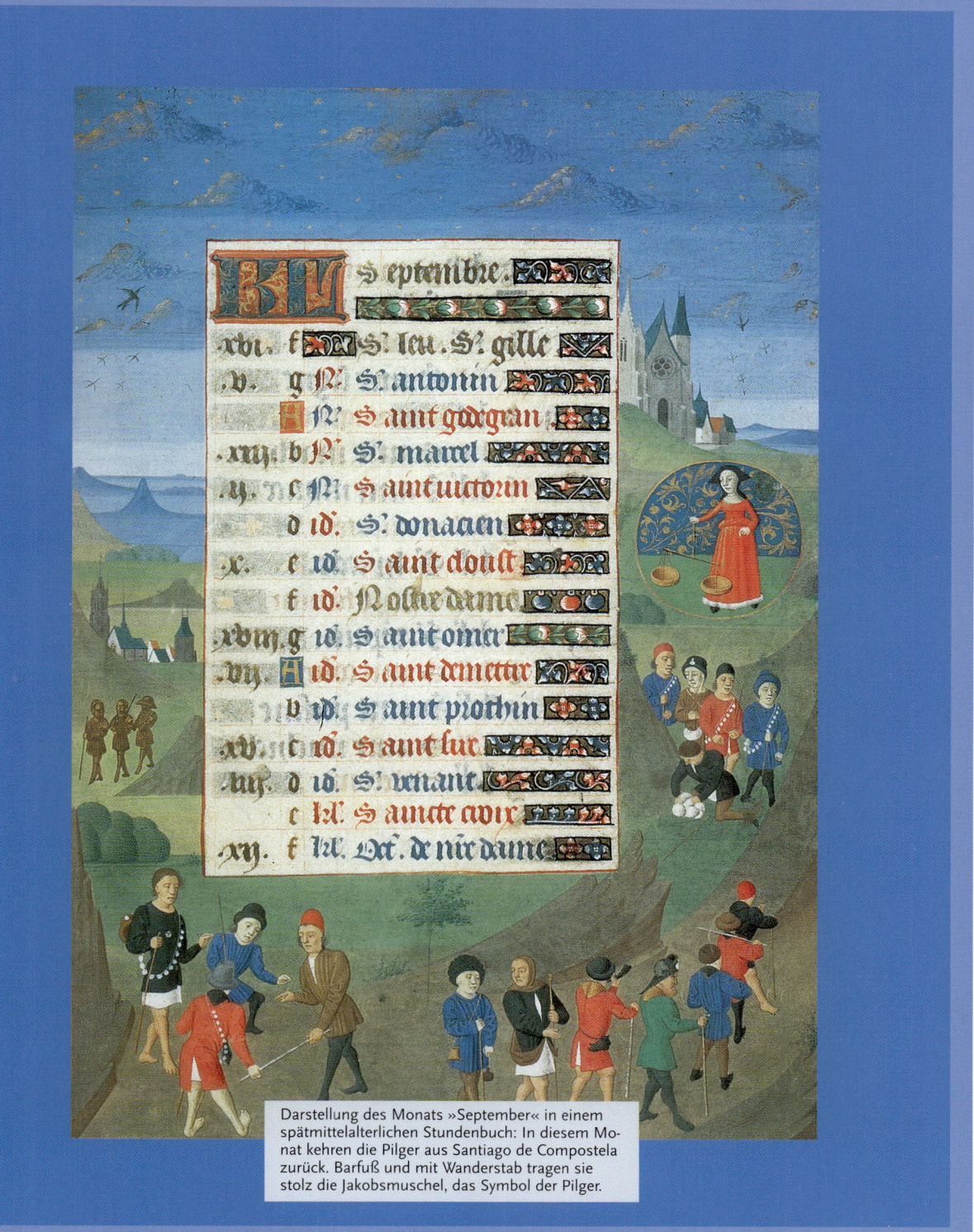

Darstellung des Monats »September« in einem spätmittelalterlichen Stundenbuch: In diesem Monat kehren die Pilger aus Santiago de Compostela zurück. Barfuß und mit Wanderstab tragen sie stolz die Jakobsmuschel, das Symbol der Pilger.

Der Legende nach verkündete Jakobus in Spanien den Glauben. Nach mehrjährigem Aufenthalt kehrte er nach Palästina zurück, wo er im Jahr 44 den Märtyrertod starb. Seine Jünger brachten den Leichnam auf ein Schiff, das, wie von Gottes Hand gesteuert, nach sieben Tagen Iria Flavia, das heutige Padrón, an Spaniens Westküste erreichte. Dort wurde der Apostel bestattet, sein Grab geriet in Vergessenheit. Erst 814 wurde es von einem Eremiten wieder entdeckt, der sich von einem Stern führen ließ. Bischof Theodemir veranlasste daraufhin den Bau einer Kirche an der Stelle des Grabes.

Jakobus »matamoros«, der Maurentöter

Im 8. Jahrhundert begann die Eroberung Spaniens durch die Mauren, die innerhalb weniger Jahre einen Großteil der Iberischen Halbinsel besetzten. In dem Glauben, dass Allah ihren Mut belohnen und der Prophet Mohammed sie beschützen würde, zogen sie in den heiligen Krieg *(jihad)*. Für die Christen wurde Jakobus zur spirituellen Symbolfigur der *Reconquista,* der christlichen Rückeroberung des islamischen Spanien. In der Schlacht von Clavijo im Jahr 844 soll der Apostel den christlichen Heeren erstmals zum Sieg über die Mauren verholfen haben. Er erschien in der Gestalt eines weißen Ritters auf einem Pferd, der Furcht erregend das Schwert schwang und das Gesicht eines Rächers hatte. Seitdem trägt Santiago den Beinamen *matamoros,* der Maurentöter. Die Reconquista aber kam in ihrem religiösen Fanatismus den mittelalterlichen Kreuzzügen durchaus gleich.

Im Laufe der Geschichte entwickelte sich eine reiche Symbolik, mit der die Verehrung des heiligen Jakobus zum Ausdruck gebracht wurde. Das Zeichen des Apostels und der Pilger ist die Jakobs-

Auf Geheiß der Königin von Navarra wurde im 11. Jahrhundert diese Brücke in Puente de la Reina errichtet, um den Pilgern den Weg nach Santiago zu erleichtern.

Gräber der Ritter des heiligen Jakobus. Sie kämpften im 15. Jahrhundert gegen die letzten Mauren in Santiago de Compostela, der Stadt des *Santiago matamoros,* des Schutzpatrons von Spanien.

muschel, Sinnbild des Meeres. In der römischen Kultur galt sie als Todessymbol, das Grabstätten zierte. Gleichzeitig war sie ein Zeichen der Sexualität und des Lebens, Attribut der Göttin Venus.

Eine Legende erzählt, die Milchstraße habe Karl dem Großen im Traum den Weg zum Apostelgrab gewiesen. Diese Vision führte auch zur Bezeichnung des Pilgerpfades als »Sternenweg«. *Compostela* leitet sich jedoch nicht, wie allgemein ange-

nommen, von *campus stellae* (Sternenfeld) her, sondern von *compostum* (Friedhof), da sich zu römischen Zeiten an diesem Ort ein Friedhof befand. Von Bedeutung ist die Tatsache, dass das Apostelgrab im fernen Westen an der Küste liegt, der Grenze der damals bekannten Welt. Schon in prähistorischen und römischen Zeiten hatte der Ort besondere Anziehungskraft, da er eine Brücke zwischen Himmel und Erde darstellte. Auf dem Gipfel des Monte Irago steht heute ein Kreuz, an dessen Fuß die Pilger einen Stein legen und für eine sichere Reise durch das letzte, unwegsame Wegstück beten – alte Tradition seit vorchristlicher Zeit.

Der Jakobsweg

Der Weg nach Santiago de Compostela ist ein Geflecht aus Routen, die ganz Europa überziehen und sich in Ostspanien bei Puente de la Reina zur großen Pilgerstraße, dem *Camino Francés* durch Nordspanien vereinigen.

Pilger aus Italien und der Provence kommen auf der *Via Tolosana* nach Santiago. Sie passieren die Wallfahrtsorte St-Gilles und Toulouse und gelangen über den Somport-Pass nach Spanien. Die *Via Podensis,* die von Gläubigen aus Burgund und Deutschland begangen wird, führt vorbei an den Verehrungsstätten der Schwarzen Madonna in Le

Die Kathedrale von Santiago, das Ziel der Jakobspilger, ist eines der hervorragendsten Denkmäler frühromanischer Baukunst. Im 18. Jahrhundert entstand die barocke Westfassade, eine wahre Symphonie in Stein.

Puy und von Ste-Foy in Conques. An der *Via Lemovicensis* liegen Vézelay, St-Léonard-de-Noblat, Limoges und Périgueux. Der längste und vermutlich großartigste unter den vier Pilgerwegen ist die *Via Turonensis,* auf der sich Pilger aus England und Nordfrankreich ihrem Ziel nähern. Sie beginnt in St-Denis bei Paris und passiert die Grabstätte des heiligen Martin in Tours, St-Jean d'Angély, Saintes und die Stadt Bordeaux.

Am Tag des heiligen Jakobus, wenn die Gebeine des Apostels in einem silbernen Schrein ausgestellt werden, herrscht in der Stadt ein großer Andrang der nach mühsamer Wanderung eingetroffenen Pilger – und der Touristen.

Via Turonensis, Via Lemovicensis und Via Podensis vereinigen sich in Ostabat und treffen in Puente de la Reina auf die Via Tolosana. Die meisten Pilger passieren Roncesvalles, wo im Jahr 778 die Nachhut des Heeres von Karl dem Großen im Kampf gegen die Basken vernichtet wurde. Angeführt wurde sie von dem bretonischen Markgrafen Roland, der nach heldenhaftem Kampf als letzter der Getreuen Karls fiel. Ihm zu Ehren entstand das berühmte Rolandslied *(Chanson de Roland)*. Pilger der Via Turonensis besuchen sein Grab in Blaye.

Heute folgen über zehntausend Menschen jährlich dem Jakobsweg als anerkannte Wallfahrer mit Pilgerausweis *(compostellana)*. Er muss in jeder Stadt in der örtlichen Pfarrei abgestempelt werden.

Die Tradition des Ausweises geht auf die Blütezeit des Jakobswegs im Hochmittelalter zurück, als er einem Ablass gleichkam, der den Besitzer vom Leid im Fegefeuer lossprach.

Um den Weg sind zahlreiche Legenden und Wundergeschichten entstanden. In der Kathedrale von Santo Domingo de la Calzada erinnert ein Hühnerkäfig im gotischen Stil an die bekannte Legende vom Galgen- und Hühnermirakel: Eine wohlhabende deutsche Familie kam auf ihrer frommen Reise nach Santo Domingo, wo sie in einem Gasthaus Unterkunft fand. Die Tochter des Wirts hatte ein Auge auf den Sohn geworfen und versuchte ihn in der Nacht zu verführen. Dieser blieb jedoch standhaft. Aus Zorn über die verschmähte Liebe versteckte sie im Gepäck des Jünglings einen Silberbecher, der am nächsten Morgen entdeckt wurde. Der Jüngling wurde des Diebstahls bezichtigt, zum Tode verurteilt und gehenkt. Die betrüb-

ten Eltern setzten ihre Wallfahrt fort, beteten am Altar des heiligen Jakobus und kehrten nach 36 Tagen zur Richtstätte zurück. Hier trafen sie wie durch ein Wunder den Sohn noch lebend an, da der Apostel, so sagte er, ihn die ganze Zeit am Leben gehalten habe. Der Richter, der die Geschichte nicht glauben wollte, wies auf die Brathühner auf seinem Teller und meinte, eher würden die Hühner auffliegen und krähen, als dass der Jüngling lebendig wäre – was sie prompt taten.

Die Renaissance der Pilgerreise

Die Wallfahrt zum Jakobus-Grab in Santiago erlebt heute eine regelrechte Renaissance. Obgleich das spirituelle Ziel dem Geist einer säkularisierten Welt nicht mehr zu entsprechen scheint, machen sich zahllose Pilger auf den beschwerlichen Weg. Der Camino de Santiago verläuft mittlerweile entlang

Der Silberschrein mit den Gebeinen des heiligen Jakobus befindet sich in der Krypta. Der Hochaltar ist beherrscht von der Holzfigur des Apostels aus dem 13. Jh., die später mit Silber-, Gold- und Edelsteinschmuck versehen wurde.

der Hauptstraßen, wo die Wallfahrer von rasenden Fahrzeugen überholt werden. An anderen Stellen durchquert er Weiden, Wälder und Marschland. Reiseführer und detaillierte Landkarten in den meisten europäischen Sprachen helfen den Wanderern bei der Orientierung. Mit gelber Farbe markierte Bäume, Brücken, Tore und Steine dienen als Wegweiser, obwohl an entscheidenden Kreuzungen die Markierungen nicht mehr sichtbar sind.

Unterkunft finden die Pilger in dem Hospiz in Eunate, dem Hospital del Rey in Las Huelgas und dem Hostal de San Marcos nahe San Isidro. Überall präsent ist das Zeichen der Jakobsmuschel und die Figur des heiligen Jakobus – als weiser Apostel, sanfter Pilger und Furcht erregender Maurentöter.

Einzigartige romanische Klöster, Stifte und Andachtsstätten säumen den Jakobsweg: die großartigen gotischen Kathedralen von Burgos, Pamplona und León, das Kloster von San Juan de la Peña und die Pfarrkirche von San Juan de Ortega mit dem gotischen Grabmal des heiligen Juan.

Das Ziel Santiago

Erreichen die Pilger den letzten Aussichtspunkt, wo sie erstmals die heilige Stadt erblicken, bringen sie mit dem traditionellen Ruf *Montjoie!* (»Welche Freude!«) ihre Erleichterung und Freude zum Ausdruck. Santiago de Compostela ist eine der schönsten und am besten erhaltenen Städte Spaniens, ein Labyrinth aus gepflasterten Straßen, die an den letzten und größten Herbergen der Pilger vorbei zur Kathedrale und dem Apostelgrab führen.

Nach langer Zeit der Einsamkeit auf dem Jakobsweg wirkt das hektische Treiben der Menschenmenge in Santiago de Compostela zunächst beklemmend. Vor allem die Festwoche zu Ehren des Apostels, die in der Nacht zum 25. Juli mit einem prächtigen Feuerwerk eingeleitet wird, lockt Tausende von Touristen in die Stadt.

Sinnbild für die innere Freude der Gläubigen am Ende der Reise ist die Pracht der Kathedrale von Compostela. Aus der Anonymität ihrer Baumeister ragt ein einheimischer Künstler heraus: Am überwältigenden *Pórtico de la Gloria* hinter dem Westportal der Kathedrale steht der Name des Meisters Mateo, der die dreiteilige Vorhalle mit überaus reichem Skulpturenschmuck versehen hat. Im Zentrum thront Christus als Erlöser der Welt, umgeben von den vier Evangelisten und seinem himmlischen Gefolge. Die Mittelsäule stellt die Wurzel Jesse dar, die wie vor Jahrhunderten das erste Ziel der Wallfahrer ist. In ihrer Mitte erhebt sich eindrucksvoll eine Statue des heiligen Jakobus. Nach einem jahrhundertealten Brauch muss ein Pilger am Ende der Wallfahrt vor dem Eingang in die Kathedrale die Säule mit der Hand berühren – der abgewetzte Marmor zeugt von den Millionen Menschen, die das im Laufe der Jahrhunderte taten.

Eines der berühmtesten Sakralgefäße und zugleich Symbole von Santiago de Compostela ist der *Botafumeiro*, ein großes Räucherfass, das an hohen Festtagen von acht Männern hin- und hergeschwungen wird. Den Apostel und Märtyrer besingt das alte Pilgerlied *Dum pater familias*, dessen Text in der Bibliothek der Kathedrale im *Codex Calixtinus* aus dem 12. Jahrhundert aufbewahrt wird, aber auf weit ältere Quellen zurückgeht:

Primus ex apostolis
Martir Ilherosolimis
Iacobus egregio sacer est martirio.

Iacobi Gallecia opem rogat piam
Glebae cuius gloria dat insignem.
Uiarn: ut precum, frequentia
Cantet melodiam.
Herro Sanctiagu, Got Sanctiagu
E ultreia, esus eia.

Deus aia nos.
Primus ex apostolis.

Erster der Apostel,
der in Jerusalem hingerichtet wurde,
Jakobus, der durch sein Martyrium Heiligkeit
erwarb.

Galicien erbittet die heiligen Kräfte des Jakobus:
denn sein Ruhm weist auf das Land,
das im Gebet klangvoll ertönt.
Großer Jakobus, wohltätiger Jakobus,
kommst von weither und bist hier bei uns.

Gott steh uns bei.
Erster der Apostel.

Bilder und Figuren des spanischen Nationalheiligen zieren den Jakobsweg und das Innere der Kathedrale. Die kostbarste Figur des Apostels thront in der Mitte des Hochaltars und ist mit reichem Silber-, Gold- und Edelsteinschmuck übersät. Das letzte Ziel der Pilger ist der silberne Schrein in der Krypta unter dem Altar, in der die Gebeine des Heiligen aufbewahrt werden.

Befinden sich die Gebeine des heiligen Jakobus wirklich dort unten? Und falls nicht, spielt das wirklich noch eine Rolle? Ein Pilger der heutigen Zeit formulierte die Antwort: »Die Knochen, wo auch immer sie in Wirklichkeit herkommen, erhielten durch den Schmerz Millionen von Pilgern Heiligkeit und Bedeutung.«

Die historische und spirituelle Bedeutung des Jakobswegs steht außer Frage. Im Mittelalter folgten ihm Millionen von Menschen, die Erschöpfung, Krankheit, Raub und Betrug auf sich nahmen. Die Reise nach Santiago war eine kosmopolitische Pilgerfahrt, über die Goethe einst schrieb: »Europa ist durch die Wallfahrt nach Santiago entstanden, und das Christentum ist seine Muttersprache«.

Selbst im 18. und 19. Jahrhundert, als die Popularität der Pilgerreisen abnahm, fehlte es nie an religiösem Eifer, um Kirchen, Klöster und Herbergen zu bauen oder zu rekonstruieren. Die großartige barock veränderte Kathedrale von Santiago de Compostela ist das beste Beispiel dafür.

Die Attraktivität der traditionsreichen Wallfahrt bleibt auch im 20. Jahrhundert ungebrochen, obgleich die Motivation für das Wagnis eine andere geworden ist: Für moderne Pilger, die zu Fuß, mit dem Mountainbike oder zu Pferd dem alten Pfad des Jakobswegs folgen, ist das erste Ziel der Weg nach Santiago de Compostela, die große Milchstraße auf Erden.

Der abgeschliffene Marmor an der Mittelsäule des großartigen *Pórtico de la Gloria* zeugt von dem jahrhundertealten Brauch, sie am Ende der Pilgerfahrt zu berühren.

Das ganze Jahr über strömen hinduistische Pilger aus Westbengalen nach Tarekeshwar. Dort verehren sie Shiva in der Gestalt des Baba Taraknath und bringen ihm Wasser aus dem Ganges oder Süßigkeiten als Opfergaben dar.

NEUNZEHNTE REISE

TAREKESHWAR

Die drittgrößte Industrie in der westbengalischen Stadt Tarekeshwar ist die Herstellung von Süßigkeiten. Nicht dass die Bewohner ausgesprochene Schleckermäuler wären, jedenfalls nicht mehr als andere Inder. Der eigentliche Grund ist vielmehr Shiva, einer der drei wichtigsten Götter des Hinduismus, denn die Pilger bringen als Opfergaben zu seinen Tempel gerne Süßigkeiten mit. Und sie kommen das ganze Jahr über hierher. Scharen

von »guides« vermitteln ihnen Übernachtungsmöglichkeiten und vor allem kaufen sie Süßwaren für Shiva, organisieren den Haarschnitt und malen ihnen die heiligen Stirnmale – was zum hiesigen Ritual gehört.

Das heilige *lingam*, ein stilisierter Phallus, repräsentiert den alles erschaffenden und alles zerstörenden Gott Shiva. Die Stadt Tarekeshwar entstand um den Fundort dieses geheimnisvollen Steins.

NEPAL   BHUTAN

Allahabad

Benares (Varanasi)

ASSAM

BANGLADESCH

INDIEN   WEST-
BENGALEN

Tarekeshwar
Kalkutta

Ganges-Delta

GOLF VON BENGALEN

Shiva ist der Gott der Gegensätze, der Schöpfer und Zerstörer, er verkörpert das Gute wie das Schlechte, die Fruchtbarkeit und das Asketentum. Jahrhundertealter Tradition folgend pilgern Hindus zu seinem Tempel in Tarekeshwar. Viele wollen sich »Verdienste« für dieses Leben – und auch ihre zukünftigen Leben – erwerben. Und manche erflehen Hilfe in ihrer Krankheit. Tarekeshwar ist bei weitem nicht der bekannteste oder meistbesuchte Tempel in Indien, doch für Westbengalen hat er herausragende Bedeutung.

Pilgerzüge

Jede Stunde verlässt ein Zug den geschäftigen Bahnhof Howrah in der Millionenstadt Kalkutta mit Ziel Tarekeshwar. Etwa eine Stunde benötigt er für die 32 Kilometer in Richtung Westen. Zwischen den Geschäftsleuten, Studenten, Bauern und Händlern, die den Zug besteigen, fallen gut gekleidete Familien auf. Die Männer tragen ausnahmslos weiße, aus feinem Leinen gewebte *dhoti*, ur-

sprünglich Lendentücher und heute meist weite kurze Hosen, sowie frisch gebügelte Hemden. Die Frauen, deren farbenprächtige Saris sorgfältig gewickelt sind, haben einen schlichten roten Punkt *(tika)* auf ihre Stirne gemalt. Die Familien, deren Kinder ausgesprochen gut erzogen sind, werden mitunter von älteren Verwandten in Trauerkleidung begleitet. Unter den Händlern im Zug, die Tee, Kekse und Spielzeug verkaufen, sind auch solche, die Räucherstäbchen anbieten und sofort die Familien ins Visier nehmen. Die Verpackung verrät schon, welchen Gott die frommen Hindus besuchen wollen: Shiva, oder, wie sein Alter Ego in Tarekeshwar genannt wird, *Baba Taraknath*.

Alle Hindus, nur jene der untersten Kasten ausgenommen, pilgern regelmäßig zu den wichtigsten Tempeln überall in Indien, wenngleich auffällt, dass zwar Bengalis überall im Land an religösen Stätten

Die Pilger tragen Behälter mit Wasser aus dem heiligen Fluss Ganges. Tarekeshwar, nicht weit vom Ganges-Delta entfernt gelegen, macht metaphysische Verbindungen nach Benares, der heiligsten Pilgerstadt Indiens, geltend.

anzutreffen sind, in Tarekeshwar aber vor allem Besucher aus der Region.

Die Einwohner und vor allem die Priester in Tarekeshwar bezeichnen den Ort gerne als *Gupta Varanasi,* das »Verborgene Varanasi« und stellen damit das weniger bedeutsame Shiva-Heiligtum unmittelbar neben die wichtigste Pilgerstätte des Landes. Indem sie Wasser aus dem Ganges zu Fuß nach Tarekeshwar bringen, versuchen sie die Verbindung sogar noch zu verstärken. Zudem wird behauptet, das *lingam* des Tempels (das phallusförmige Symbol des Gottes Shiva), das tief in die Erde reicht, sei unter der Erde mit dem *lingam* im Shiva-Tempel von Benares (Varanasi) verbunden.

Das mit einer Schlange verzierte *lingam* des Shiva ragt an einem Badeplatz aus der *yoni* auf, die als weibliche Entsprechung des Phallus gilt. Sie nimmt die Flüssigkeiten auf, die über das *lingam* gegossen werden, und leitet sie ab.

Shiva und seine Manifestationen

Auf den ersten Blick erscheint der Hinduismus unüberschaubar komplex. Es gibt Tausende von Göttern, Hunderte von Ritualen und Dutzende von heiligen Texten. Doch eine gewisse Ordnung im Pantheon der Gottheiten wird klar, sobald man erkennt, dass die wichtigen Götter zahlreiche Aspekte und Manifestationen besitzen – angefangen beim Dreigestirn Brahma, Vishnu und Shiva an der Spitze bis hinunter zu den weniger bedeutsamen Göttern und einer großen Zahl von Halbgöttern.

Von Shiva glauben die Hindus, dass er in den ihm geweihten Tempeln anwesend ist. Daher lässt ein Pilger auch beim Eintreten eine Glocke erklingen, um die Aufmerksamkeit des Gottes zu gewinnen. Dieser gilt als Beschützer der Frommen, vor allem der Asketen und heiligen Männer, weshalb seine Verehrungsstätten immer gut besucht sind.

Unter den Inkarnationen und Formen Shivas, die die Hindus verehren, ist das phallische, stark stilisierte *lingam* am weitesten verbreitet. Allein in Indien gibt es zwölf große *Lingam*-Heiligtümer, 68 wichtige Tempel und zahllose weniger bekannte. Einige der *lingam,* wie auch jenes in Tarekeshwar, haben eine besondere Bedeutung, weil sie, der Legende nach, von selbst gewachsen sind und nicht von Menschenhand geschaffen wurden.

Ein sehr häufiges Symbol für den Gott ist der Dreizack. Shiva als erotischer Liebhaber und als Asket, als Krieger, Bauer, Künstler oder Marihuana-Rauchender – all diese Inkarnationen sind möglich. Er wird mit Schlangen und Bergen in Verbindung gebracht, sein Reittier ist der Stier Nandi.

Benares (Varanasi) ist für Hindus die ewige Stadt am heiligen Ganges. Tarekeshwar hingegen wird von einigen *Gupta Varanasi,* das »Verborgene Varanasi« genannt.

Den Lebensstrom durchwaten

Das bengalische Wort für einen Pilgerort lautet *tirtha* – »Furt durch einen Fluss« – und ist sowohl wörtlich als auch metaphorisch zu verstehen. Einerseits spielt an fast allen heiligen Orten der Hindus Wasser eine große Rolle, andererseits betrachten sie das Leben als einen Strom, in dem Geburt und Tod ständig wiederkehren. Nach dem *karma* (dem Prinzip der moralisch-spirituellen Ursache und ihrer Wirkung) verursacht ein Tod lediglich eine neue Existenz, deren Charakter vom Handeln jedes Einzelnen in seinem vorherigen Leben bestimmt ist. Indem man sich Verdienste *(punya)* erwirbt, kann man die Aussichten für künftige Leben verbessern, zum Beispiel durch die rituelle Verehrung *(puja)* eines Gottes. Ein Höchstmaß an Hingabe zeigt ein Pilger, wenn er seine Opfergaben mit Handlungen der Entsagung verbindet, wenn er sich etwa auf dem schwierigsten Weg Tarekeshwar nähert, das heißt vom 48 Kilometer entfernten Ganges her – und dies barfuß.

Dem Gott gefallen

Wo heute Tarekeshwar liegt, dehnte sich früher dichter Wald aus. Die Legende erzählt, dass der Rinderhirte Bharamalla als Steuereintreiber in Diensten des *nawab* (Mogulfürsten) stand. Dem Mann gehörte eine Kuh, die immer erstaunliche Mengen Milch lieferte. Doch eines Tages kam kein Tropfen mehr aus ihrem Euter. Da folgte ihr der Hirte und entdeckte, dass sie ihre Milch auf einen runden Stein am Boden tropfen ließ. Bharamalla veranlasste daraufhin, dass dieser offensichtlich heilige Stein ausgegraben werden sollte. Nach zwölf Tagen aber waren die Arbeiter noch immer nicht an sein anderes Ende gelangt. Da erschien Shiva dem Hirten im Traum und sagte, dass der phallische Stein ihm gehöre und an dem Ort, an dem er sich befand, verehrt werden solle. So wurde dort ein Tempel gebaut und bald entstand ein Ort: Tarekeshwar. Andere Geschichten berichten von Heilungen an der Stelle, vor allem mit Hilfe der *caranamarta,* einer Mischung aus Wasser, Milch und ausgelassener Butter, mit der das *lingam* gewaschen wurde.

Historische Dokumente belegen 1730 als Gründungsjahr des Tempels. Die Menschen, die seit jener Zeit hierher pilgerten, vertrauten auf die heilenden Kräfte des Baba Taraknath. Sie glauben auch, dass er physisch im Tempel anwesend ist. Deshalb versorgen die Priester sein *lingam* mit weltlichen Annehmlichkeiten wie Mahlzeiten, Pfeifen mit Tabak und Marihuana, Pantoffeln, einer Decke für kalte Nächte, Öl-, Milch- und Wasserbädern.

Täglich leisten Tausende Pilger einen finanziellen Beitrag zur rituellen Speisung im Tempel – und dies ist nur eine Opfergabe. Sie bezahlen dafür, dass ihnen der Kopf kahl geschoren wird und die Priester die *Puja*-Rituale ausführen – und die vielen Opfergaben wegschaffen.

Am größten ist der Andrang der Pilger zu den wichtigsten Shiva-Festen, vor allem dem *Shivaratri,* das im Februar oder März mit einem einwöchigen Markt gefeiert wird.

Einfachheit und Heilung

Die meisten Pilger sind *tirtha-jatri,* das bedeutet, sie suchen spirituelles Wohlergehen. Sie kommen aus Kalkutta und den anderen großen Städten in Westbengalen. Die *dharma-jatri* stellen die Minderheit dar und stammen in der Regel aus ländlichen Gegenden. Durch körperliche Entsagung wollen sie Shiva zum Handeln bewegen. Sie fasten für einige Tage und schlafen im Tempel in der Nähe des *lingams,* bis ihnen im Traum von Shiva oder heiligen Männern Anweisungen erteilt werden. Nur unter der Voraussetzung, dass sie diese genauestens befolgen, können sie Heilung erwarten, selbst wenn weitere Entbehrungen oder Mutproben, wie etwa ein Heilmittel in einer Schlangengrube zu finden, erforderlich sind.

Die vielen Votivgaben, zum Beispiel figürliche Darstellungen von Körperteilen, die im Tempel aufbewahrt werden, zeugen von erfolgreichen Heilungen über die Jahrhunderte. Doch selbst die vielen Pilger, die keine Heilung von Baba Taraknath erwarteten, haben sich durch ihre Reise Verdienste erworben und kehren geläuterten Geistes nach Hause zurück.

Für alle Generationen soll die Erinnerung an die schrecklichen Schlachten des Ersten Weltkriegs ein Mahnmal sein. Die Soldatenfriedhöfe entwickelten sich seit 1919 zu Zielen säkularer Pilgerreisen.

ZWANZIGSTE REISE

SCHLACHT-FELDER
des Ersten Weltkriegs

Ein verblassender Zettel an einem Kranz aus Klatschmohn, der gegen ein Grabkreuz lehnte, ließ die Vorübergehenden anhalten. Einige weinten. Auf dem Zettel stand: »Auf Wiedersehen, Onkel Frank. Wir werden nicht noch einmal wiederkommen können.« Onkel Frank liegt auf dem Friedhof der Kleinstadt Cambrai in Nordfrankreich, jenem Ort, bei dem die erste Panzerschlacht in der Geschichte geführt wurde. Soldaten der britischen Armee und ihrer Verbündeten, der deutschen Wehrmacht und der Russen ruhen hier in Frieden nach den Kämpfen, die ihnen allen 1916 den Tod brachten.

Reihe um Reihe markieren Kreuze und Klatschmohn Millionen von Gräbern auf den Schlachtfeldern Nordeuropas. Die Erinnerungen an die
Gefallenen werden wie die Friedhöfe selbst als
Mahnung für die Zukunft bewahrt.

Auf dem Friedhof bei Cambrai stehen lange Reihen von Kreuzen in verschiedenen Formen für die verschiedenen Nationen. Die meisten tragen Namen, Dienstgrad und Todesdatum des Verstorbenen, doch auf einigen steht nur »Ein Soldat im Großen Krieg, der Gott bekannt ist«. Selbst 80 Jahre nach Kriegsende kommen Menschen in einer säkularen Art der Pilgerreise hierher, um Verwandte oder Freunde zu ehren und den Friedhof mit mehr als tausend Gräbern zu sehen. Sie besuchen auch kleine Grabstätten in Feldern mit nur einem Dutzend Gräbern und die riesigen Gedenkstätten, auf denen sich die Kreuze bis zum Horizont erstrecken.

Die Grausamkeit des Krieges

Bis heute ist der Erste Weltkrieg (1914–1918) ein Synonym des sinnlosen Kampfes. Millionen von Menschen fanden auf grausamste Weise den Tod. Schon bald nach Beendigung des Krieges reisten viele Leute in das Gebiet der Schlachtfelder, um die Zerstörungen mit eigenen Augen zu sehen – eine Reise ohne religiösen Anlass, aber dennoch eine Art Pilgerfahrt, deren Beweggründe Achtung und Liebe für die Toten sind.

Mehr als fünf Millionen Soldaten der Alliierten (Großbritannien, Frankreich, USA und andere Nationen) sowie über drei Millionen aus den Truppen der Mittelmächte (Deutschland und seine Verbündeten) fielen im Ersten Weltkrieg. Die Westfront zog sich über 740 Kilometer von der Schweiz zum Ärmelkanal. Eine der Schlachten, die sich besonders tief in das Bewusstsein eingrub, war jene an der Somme. Beim Hauptangriff starben jede Stunde mehr als zehntausend Männer. Die »Straße der Erinnerung«, der viele Pilger heute

---

Überall in der Landschaft findet man noch Überreste des Krieges. Auf einigen Schlachtfeldern kann man an feuchten Tagen das Eisen des Kriegsmaterials riechen, das direkt unter der kaum vernarbten Oberfläche der Erde liegt.

folgen, zieht sich über Kilometer durch das flache Tal der Somme. Die mit Klatschmohn geschmückten Wegweiser kündigen eine nicht enden wollende Zahl von Gedenkstätten und Schlachtfeldern aus jenem Krieg an, der Kriege ein für alle Mal beenden sollte. Aber es kam anders.

Obwohl ein großer Teil der Landschaft, die einst aus Schlamm und langen Schützengräben bestand, wieder von Feldern und Wäldern bedeckt ist, erinnern noch Bomben- und Minenkrater an die Zerstörungen. Die Dörfer der Gegend haben weite Flächen Land den Toten übergeben. Die Grabsteine stehen in präziser Ordnung – welch ein Gegensatz zu dem Chaos, in dem die Männer starben.

Rancourt ist der größte französische Soldatenfriedhof an der Somme. Auf dem nahen deutschen Friedhof für elftausend Soldaten liegen vier Tote in einem Grab. Der britische Friedhof ist klein dagegen, nur 92 Gräber, doch dafür gibt es Hunderte solcher Begräbnisstätten überall in der Gegend. Die Besucherbücher, die an den Eingängen ausliegen, halten die Gedanken der Pilger fest: »Dies darf nie wieder geschehen.« – »Hier traf ich den Großvater, den ich nie gekannt hatte, zum ersten Mal.« – »Sie waren genau wie wir.«

Das Erbe des Krieges ist überall gegenwärtig. In Thiepval, südlich von Arras, steht ein von Edwin Lutyens entworfener Triumphbogen. Auf ihm sind die Namen jener Soldaten eingraviert, deren Leichen nie gefunden wurden: 73 000 sind es. Weiter im Norden liegt Ypern, in dessen Umgebung die belgische Armee immer noch Munition ausgräbt. Im Frühjahr 1917 wurde die unvorstellbare Menge von fast fünf Millionen Geschossen auf eine Verteidigungslinie der deutschen Front abgefeuert; ein Drittel davon ist in dem feuchten Boden nicht ex-

Die Zeit hat den Schützengräben ihre Brutalität genommen. Während der vier langen Jahre der Kämpfe an der Westfront haben die Männer in ihnen gelebt – und sind in ihnen gestorben.

plodiert. Der Stabschef des britischen Feldmarschalls Haig soll geweint haben, als er durch den Schlamm bei Passchendaele stapfte. »Haben wir wirklich unsere Männer losgeschickt, damit sie unter solchen Bedingungen kämpfen?« fragte er.

Pilgerreise zur Westfront

Während des Krieges wurden britische Gräber auf provisorischen Friedhöfen mit provisorischen Kreuzen markiert. Doch später sorgte die 1917 gegründete Imperial War Graves Commission (später Commonwealth War Graves Commission) für geordnete Grabstätten. Die praktischen Schwierigkeiten, so viele Tote nach Hause zu überführen, ganz zu schweigen von den eventuellen Auswirkungen auf die öffentliche Stimmung, führten dazu, dass

Diese Touristen gehören zu einer Generation moderner Pilger, die den Spuren jener folgen, die ihre Verwandten und Freunde dort besuchten, wo sie zwischen 1914 und 1918 gefallen waren.

die Toten mit ihren Kameraden dort begraben werden sollten, wo sie im Kampf gefallen waren. Es dauerte nicht lange, bis die ersten Angehörigen eintrafen. So suchte etwa der britische Schriftsteller Rudyard Kipling lange nach seinem vermissten Sohn, der nie gefunden wurde. Das Reiseunternehmen Thomas Cook begann im August 1919 mit der Organisation von Besuchen, weniger als ein Jahr nachdem die Waffen schwiegen.

Da die meisten Briten weder die Zeit noch das Geld eines Rudyard Kipling hatten, machten sich die Society of St. Barnabas und die British Legion daran, »Pilgerfahrten« (dieses Wort wurde aus-

»Damit wir nicht vergessen ...« Die Worte mögen
schon zu häufig gesprochen worden sein, doch
für die Witwen und Waisen in Frankreich und
Belgien bleibt die Erinnerung.

drücklich benutzt) in die Kriegsgebiete zu organisieren. An einer Fahrt nach Ypern im Jahr 1923 nahmen 850 Menschen teil, 1928 schon etwa 10 000. Ein Grab oder ein Schlachtfeld zu besuchen ermöglichte den Angehörigen zu trauern wie bei einer Beisetzung. Eine Frau, die 1927 nach Ypern fuhr, schrieb: »In der Nähe der Stelle, an der mein Sohn zuletzt gesehen wurde, habe ich Klatschmohn gepflückt.«

König Georg V. hatte 1922 seine eigene Pilgerreise absolviert. Er fuhr in der Uniform eines normalen Armeeoffiziers. »Ich habe mich häufig gefragt«, sagte der König, in dessen Namen so viele gefallen waren, »ob es in der Zukunft noch machtvollere Fürsprecher des Friedens auf der Erde geben kann als diese Vielzahl stummer Zeugen der Zerstörungskraft des Krieges.« Er gehörte zu den vielen, die in den 1920er-Jahren hofften, die Friedhöfe könnten ein Mahnmal für einen dauerhaften Frieden sein. Ein weiterer Krieg sollte weniger als 20 Jahre später alle Hoffnung zerstören.

Eine neue Generation der Pilger

Früher sind die Mütter, Witwen oder Verlobten zu den Friedhöfen gereist, heute kommen ihre Kinder oder Enkel aus Europa, Australien oder Kanada. Ein britischer Schriftsteller besuchte 1990 den Soldatenfriedhof von Ypern. Als er den Namen seines Großvaters auf dem Menin-Tor entdeckte, sagte er: »A. T. R. Jones. Diese Buchstaben wurden vor mehr als 60 Jahren hier eingemeißelt, doch noch nie hat sie jemand mit solcher Liebe und Trauer betrachtet. Irgendwie haben diese steinernen Buchstaben Alfred von einer Person auf einem vergilbten Foto in einen Mann aus Fleisch und Blut verwandelt, der gelebt hat, gekämpft hat und in einem weit entfernten Land gestorben ist.«

Fotos mögen vergilben, doch Erinnerungen dürfen dies nicht. Seit fast 80 Jahren wird am Menin-Tor jeden Abend um acht Uhr der Zapfenstreich geblasen. Während der deutschen Besatzung in Belgien, von 1940 bis 1944, wurde das Ritual auf einen Militärfriedhof nach Großbritannien verlegt, doch als die Alliierten Ypern zurückerobert hatten, erklang die Trompete sofort wieder am Menin-Tor, obwohl die Kämpfe in der Umgebung andauerten. Vor allem am 11. November, dem Tag des Waffenstillstands, kommen heute die Besucher.

Auch Militär- und Veteranenvereine organisieren Fahrten. In Britannien veranstaltete die Old Contemptibles Association von 1924 bis 1974 jedes Jahr eine Pilgerreise. Der Name bedeutet wörtlich »Vereinigung der alten Verachtenswerten« und stammt von einer Bemerkung, die vom deutschen Kaiser überliefert wurde, der gesagt haben soll, die Briten besäßen »eine verachtenswerte kleine Armee«. Die überlebenden Veteranen wollten mit ihren Besuchen ihre toten Kameraden ehren, gleichzeitig aber ihre eigenen Erlebnisse verarbeiten. Nach 1974 waren die meisten zu alt oder zu krank, um die Besuche fortzusetzen.

Selbst die Armeecorps aus Australien und Neuseeland (ANZAC) unterstützen noch Pilgerreisen, um die Gefallenen aus ihren Ländern zu ehren.

Eine Parallele aus jüngster Zeit ist die Gedenkstätte für den Vietnamkrieg in Washington, D. C., die erschütternde Erfahrungen und verlorene Schlachten in einem grausamen Krieg der Neuzeit ins Gedächtnis ruft. Dort gibt es keine Gräber, aber zahllose Namen von Toten. Einige Besucher bringen Kriegsandenken mit – ein Paar Stiefel, eine Fahne, Zettel mit Botschaften –, um an ihre Verwandten oder Freunde zu erinnern.

Von Heiligen zu Helden

In den 1990er-Jahren stieg die Zahl der Suchanfragen an die Commonwealth War Graves Commission bezüglich spezieller Gräber auf das Zwanzigfache im Vergleich zu den 1960er-Jahren. Seinerzeit boten noch keine kommerziellen Unternehmen Reisen und Pilgerfahrten zu den Friedhöfen an. Heute gibt es etwa ein Dutzend Firmen in Großbritannien und weitere in Australien und Neuseeland. Im Jahr 1985 stellte die britische Regierung eine beträchtliche Summe zur Verfügung, damit die Witwen, die noch nie die Gräber besucht hatten, zu den Orten reisen konnten, an denen ihre Männer im Ersten oder Zweiten Weltkrieg getötet worden waren.

Einige Staaten wie die USA und Großbritannien bringen heute ihre Gefallenen zurück ins Heimatland. Deshalb sind die europäischen Soldatenfriedhöfe mit ihren markanten Reihen einfacher weißer Kreuze auch Symbole der Geschichte des 20. Jahrhunderts.

Doch obwohl manche Besucher heute aus Neugier oder historischem Interesse kommen, sind viele weiterhin Pilger auf der Suche nach Ruhe für ihren Geist, vielleicht sogar nach spiritueller Erfüllung. Die Männer, die hier ruhen, sind zu Helden geworden und treten damit im Bewusstsein bestimmter Kulturen an die Stelle von Heiligen, deren Gebeine in früheren Jahrhunderten besucht wurden. Viele zweifeln am Sinn der Unternehmungen, für die die Soldaten gestorben sind, doch wenige an ihrem Heldenstatus. Niemand erwartet an diesen Orten Wunder, aber doch ein Gefühl von Heilung, den Abschluss einer Erfahrung.

Natürlich spielt auch Religion eine Rolle, bei den Kreuzen auf den Friedhöfen, den gesungenen Liedern. Und die Besucher erleben intensive Gefühle, ob hier nun liebe Verwandte oder Fremde begraben liegen. Wenn im 21. Jahrhundert Menschen hierher kommen, um ein Mitglied der Familie zu betrauern oder über die Unmenschlichkeit der Menschen gegen Mitmenschen nachzudenken, dann kommen sie auch in der Hoffnung, dass Konflikte ohne Gewaltanwendung gelöst werden und dass Menschen auch menschlich sein können.

Vielleicht hat Wilfried Owen, einer der vielen durch Kriegserfahrungen geprägten Dichter, dies in seinem Gedicht »Strange Meeting« am besten ausgedrückt. Er schrieb es 1918, kurz bevor er selbst nur wenige Wochen vor dem Waffenstillstand an der Sambre getötet wurde. In dem Gedicht treffen sich ein britischer und ein deutscher Soldat »in einem schrecklich dunklen Tunnel«. Beide liegen im Sterben und sehen den Frieden, der im Jenseits wartet.

»Fremder Freund«, sagte ich, »es gibt keinen Anlass zu trauern.«
»Keinen«, sagte der andere, »außer den verlorenen Jahren und der Hoffnungslosigkeit.
Was auch immer Du Dir erhofft hast, war auch mein Leben ...
Ich meine die unerzählte Wahrheit, die Ungeheuerlichkeit des Krieges, das Leid, das er hervorruft ...
Lass uns nun schlafen.«

Die Zeilen aus Wilfried Owens Gedicht finden Widerhall auf den Soldatenfriedhöfen. Wie nichts anderes führen sie die Ungeheuerlichkeit des Krieges vor Augen.

Ein wahrer Pilger

Jede Religion hat ihre eigenen Definitionen von Pilgerreisen. Ein wahrer Pilger wird durch das Erlebnis seiner Pilgerschaft verändert und nimmt diesen Wandel an — mit Ehrfurcht oder vielleicht auch mit einer gewissen Freude. Tatsächlich gibt es wohl so viele unterschiedliche Reaktionen von Pilgern auf ihre Erfahrungen, wie es Pilger überhaupt gibt.

Welche Befriedigung zieht ein Regentänzer der Zuñi aus seiner physischen und spirituellen Reise? Mit welcher Hoffnung reist ein Kranker nach Lourdes und mit welchen Gefühlen kehrt er — ohne Heilung — zurück? Wie erlebt ein Muslim Mekka, wenn er feststellt, dass er keine Chance hat, den heiligen Stein zu berühren? Wie fühlt sich ein Pilger in der Grabeskirche von Jerusalem, wenn er davon abgehalten wird, zum Grab selbst zu gehen? Wie erleben jene Menschen Santiago de Compostela, die den langen und auszehrenden Weg über die Berge hinter sich gebracht haben? Wie wichtig ist es für Pilger zu wissen, dass schon Millionen andere demselben Weg gefolgt sind? Welchen absoluten Glauben brauchen Pilger? Hoffen sie darauf, ihren Glauben bestärken zu können?

Auch die Erinnerung an eine Pilgerreise ist enorm wichtig. Nicht zuletzt deshalb erwerben die Menschen Amulette, Reliquien, Andenkenbildchen, »heiliges« Wasser. Ein Pilger wird sich immer wieder die Begebenheiten unterwegs oder am Ziel ins Gedächtnis rufen. Für jene, die noch keine Pilgerreise unternommen haben, stellen die kleinen Mitbringsel eine Verbindung zum geheiligten Ziel dar. Und die Berichte der Reisen, seien es mündliche Erzählungen, Bücher oder Gebete, haben häufig spätere Generationen inspiriert.

Die stärkste Verbindung zwischen allen Pilgern besteht darin, dass ihnen ihre Reise und ihre Pilgerschaft neue Wege zum eigenen Ich öffnen. Manchmal werden die Menschen nur wenig verändert, manchmal jedoch grundlegend. Und über die Jahrtausende waren Pilgerreisen eine Konstante in allen Kulturen.

Bibliographie

Viele Bücher, Artikel aus verschiedensten Publikationen und Internetseiten haben mir wichtige Informationen für dieses Buch geliefert.

Unter den zahlreichen Büchern sind zu nennen:

Richard Barber, *Pilgrimages* (Woodbridge, 1991)

Bhardwaj, S. M.; Rinschede, G. (Hrsg.), *Pilgrimage in World Religions* (Berlin, 1988)

Bhardwaj, S. M. et al. (Hrsg.), *Pilgrimage in the Old and New Worlds* (Berlin, 1994)

Coleman, Simon; Elsner, John, *Pilgrimage Past and Present* (London, 1995)

Dyer, Geoff, *The Missing of the Somme* (London, 1994)

Eade, John; Sallnow, Michael (Hrsg.), *Contesting the Sacred: The Anthropology of Christian Pilgrimage* (London, 1991)

Guellouz, Ezzedine, Frikha, Abdelaziz, *Mecca. The Muslim Pilgrimage* (New York, 1979)

Harris, Ruth, *Lourdes. Body and Spirit in the Secular Age* (London, 1999)

Jha, Makhan (Hrsg.), *Dimensions of Pilgrimage* (New Delhi, 1987)

Jha, Makhan (Hrsg.), *Social Anthropology of Pilgrimage* (New Delhi, 1991)

Johnson, Russell; Moran, Kerry, *Kailas. On Pilgrimage to the Sacred Mountain of Tibet* (London, 1989)

Madan, T. N., *Religion in India* (Delhi, 1991)

Morinis, Alan (Hrsg.), *Sacred Journeys: The Anthropology of Pilgrimage* (Westport, 1992)

Munro, Eleanor, *On Glory Roads* (London, 1987)

Nolan, Mary Lee; Nolan, Sidney, *Christian Pilgrimage in Modern Western Europe* (Chapel Hill, 1989)

Peters, F. E., *Jerusalem and Mecca* (Princeton, 1986)

Poole, Stafford, *Our Lady of Guadalupe: The Origins and Sources of a Mexican National Symbol* (Tucson, 1998)

Reader, Ian; Walter, Tony (Hrsg.), *Pilgrimage in Popular Culture* (Basingstoke, 1993)

Robinson, Martin, *Sacred Places, Pilgrim Paths: An Anthology of Pilgrimage* (London, 1997)

Shrady, Nicholas, *Sacred Roads: Adventures from the Pilgrimage Trail* (London, 1999)

Statler, Oliver, *Japanese Pilgrimage* (London, 1984)

Turner, Victor; Turner, Edith, *Image and Pilgrimage in Christian Culture* (New York, 1995)

Danksagung

Der Autor dankt vor allem Sophie Collins und dem Verlag Ivy Press für die Anregung zu diesem Buch über die Pilgerwege der Welt – und die Möglichkeit, viele Ideen umzusetzen. Für ihr Engagement während der Entstehung des Werkes bedankt er sich bei Simon de Quincey, Sadhbh und Piotr Szczesny, José Luis Cano Ruiz, Julie und Nicola Wheelwright.

Bildnachweis

AKG, London
123, 160 Gilles Mermet, 169, 171, 187 Eric Lessing

CORBIS
6 Janez Skok, 10/11 Chris Lisle, 13 Jeremy Horner, 17, 18 Chris Lisle, 22/23 Michael Freeman, 24/25 Chris Lisle, 27 Eye Ubiquitous, 28 Wolfgang Kaehler, 30 Danny Lehman, 31 David Muench, 32 Richard Cummins, 34/35 Craig Aurness, 36 David und Peter Turnley, 38 Dave G. Houser, 40 David und Peter Turnley, 42 Owen Franken, 48 Peter Wilson, 52/53 Tony Arruza, 54 Bettmann, 55 Tim Page, 57 Hans Georg Roth, 58, 60 Danny Lehman, 61 Charles und Josette Lenars, 62 Danny Lehman, 64 Sergio Dorantes, 66 Annie Griffith Belt, 68/69 Richard T. Nowitz, 70 Annie Griffith Belt, 71 Ted Speigel, 73 David H. Wells, 74 Paul A. Souders, 75 Annie Griffith Belt, 78, 81, 82/83, 85 Tim Page, 86 Chris Lisle, 88 Craig Lovell, 89 Nik Wheeler, 91 Michael S. Yamashita, 93 Robert Holmes, 94 Farrell Grehan, 97 Jonathan Blair, 98 Lake County Museum, 100 Robert Estall, 101 Dave G. Houser, 102 Ric Ergenbright, 105 Marc Garanger, 106 Bettmann, 107 Eye Ubiquitous, 152 Kevin Fleming, 124 Galen Rowell, 128/129 David Samuel Robbins, 132 Galen Rowell, 135 Tiziana und Gianni Baldizzone, 142 Vittoriano Rastelli, 144/145 Ted Speigel, 146 Archivio Iconografico, 147 Bettmann, 148 Fluvio Roiter, 149 James L. Amos, 150/151 Vittoriano Rastelli, 152 Kevin Fleming, 157 Lowell Georgia, 162 Nik Wheeler, 164/165, 166 Adam Woolfit, 167 Voz Noticias, 168 Eye Ubiquitous, 172 Ric Ergenbright, 174 M. Jellife, 175 David Samuel Robbins, 176 Brian Vikander, 182, 183, 185 Hulton-Deutsch Collection

HUTCHINSON LIBRARY
80 Jenny Pate, 126/127, 130/131 Jonathan Hope, 133 Pierrette Collomb, 174 M. Jellife

REX FEATURES
8, 12, 14/15, 108, 110/111, 112, 114/115, 119, 120/121, 141, 178, 184

DAVID SOUDEN
50, 51

TRIP/ART DIRECTORS
20 Helene Rogers, 45, 46 J. D. Dallet, 109 B. Gadsby, 114, 116, 118, 127 J. Sweeney, 136, 138, 139, 154, 155, 156, 158/159 Bob Turner, 180/181